Heiko Zeutschner

DIE BRAUNE MATTSCHEIBE

Rotbuch Verlag

Heiko Zeutschner

DIE BRAUNE MATTSCHEIBE

Fernsehen im
Nationalsozialismus

Rotbuch Verlag

Die Deutsche Bibliothek – CIP-Einheitsaufnahme

Zeutschner, Heiko:
Die braune Mattscheibe : Fernsehen im Nationalsozialismus /
Heiko Zeutschner. – Hamburg : Rotbuch-Verl., 1995
ISBN 3-88022-818-3

Umschlaggestaltung: Michaela Booth, Berlin
unter Verwendung einer Zeichnung von Hans Liska
(Archiv für Kunst und Geschichte, Berlin)
Herstellung: Das Herstellungsbüro, Hamburg
Satz: H & G GmbH, Hamburg
Druck und Bindung: Druckerei Wagner, Nördlingen
Printed in Germany 1995

Inhalt

»Man stelle sich vor, es gäbe nur eine Zeitung in Deutschland, und man stelle sich vor, diese Zeitung werde von der Regierung herausgegeben – möchtet ihr die lesen? Ich nicht.«

Kurt Tucholsky, 1932

Vorwort

Fernsehen im Dritten Reich ist ein relativ unbekanntes Kapitel deutscher Mediengeschichte. Dafür gibt es eine Reihe von Gründen. An erster Stelle ist die unbefriedigende Quellenlage zu nennen, denn seit 1935 mußten alle Veröffentlichungen über das Fernsehen die Zensur des Reichsluftfahrtministeriums durchlaufen. Außerdem gingen viele Unterlagen in den Kriegs- und Nachkriegswirren verloren. Weil damals auch keine Apparate zur elektronischen Aufzeichnung von Fernsehsendungen eingesetzt wurden, ist heute eine auf Primärquellen gestützte Produktionsanalyse analog zum NS-Filmschaffen unmöglich.

Erschwerend kommt hinzu, daß viele, die vor allem in den fünfziger und sechziger Jahren zu diesem Thema publiziert haben, selbst an der Entwicklung und den Produktionen des Fernsehens im Nationalsozialismus beteiligt waren und deshalb ein spürbares Interesse an der Schönung ihrer eigenen Geschichte sowie der des Mediums an den Tag legten. So engagierte sich Walter Bruch *(Kleine Geschichte des deutschen Fernsehens,* Berlin 1967) bei der technischen Entwicklung des Mediums im Dritten Reich, bediente die ›Fernsehkanone‹ bei den Olympischen Spielen und arbeitete in der Peenemünder Heeresforschungsanstalt. Gerhart Goebel *(Das Fernsehen in Deutschland bis zum Jahre 1945,* Frankfurt/Main 1953) benennt im Nachwort das Ziel seiner Arbeit wie folgt: »Wenn es ihr gelingt, diejenigen, die heute am deutschen Fernsehen arbeiten, davon zu überzeugen, daß sie eine 25jährige Tradition zu wahren haben, dann hat sie ihre Aufgabe erfüllt.«

Gerhard Eckert wiederum, der während der sechziger Jahre ausgesprochen fleißig im Bereich Fernsehgeschichte veröffentlichte, schrieb bereits 1941 über den »Rundfunk als Führungsmittel«.

Neuere Untersuchungen hingegen beschränken sich entweder auf zumeist technische Teilaspekte oder sind durch weltanschaulich begründete Perspektiven nur bedingt erhellend. Erwin Reiss zum Beispiel (*Wir senden Frohsinn. Fernsehen unterm Faschismus*, Berlin 1979) attestiert Manfred Hempel einen freilich auch seiner eigenen Arbeit zugrunde liegenden historisch-materialistischen Erkenntniszugang. Ein Zitat aus Hempels Vorwort mag verdeutlichen, wie sich dieser manifestiert: »Angesichts einer Vielzahl von Verfälschungen der deutschen Fernsehgeschichte durch Apologeten des westdeutschen Imperialismus hatte die marxistische Darstellung dieser Entwicklung größten Wert auf die Beweiskraft technischer und ökonomischer Daten zu legen.« [1]

Es fehlte also bisher eine Studie, die die Daten und Fakten aus dieser Zeit soweit als möglich von ideologischem Ballast befreit und zusammenfassend darstellt. Diese Lücke will die vorliegende Arbeit schließen. Sie basiert auf der Annahme, daß das Massenmedium Fernsehen in seiner heutigen Form und Wirkungsweise nur begriffen werden kann als Produkt seiner historischen Entwicklung, also im Spiegel seiner technischen, institutionellen, politischen, inhaltlichen und rezeptionellen Vorgeschichte.

An Anstößen zur Auseinandersetzung mit dem Kapitel Fernsehen im Dritten Reich hat es in den letzten Jahren nicht gemangelt, erschütterte doch der Golfkrieg das Bild vom pluralistisch-unabhängigen Informationsmedium in den modernen westlichen Demokratien gründlich. Die Instrumentalisierung des Fernsehens zu Zwecken der militärischen Propaganda war erneut ein opportunes und weitgehend toleriertes Mittel. Beispielsweise wurde die Weltöffentlichkeit mit Bildern von einer Ölpest gezielt getäuscht, die auf einen Tankerunfall statt, wie angegeben, auf eine Aktion der irakischen Streitkräfte zurückging. So gesehen war der Golfkrieg ein erster ›Fernsehkrieg‹ unter dem Primat der Propaganda.

Im Unterschied etwa zur Vietnam-Kriegsberichterstattung war die ›neue Qualität‹ des Golfkrieges, daß nun erstmals politische und militärische Entscheidungen durch die Fernsehreportagen vom Kriegsschauplatz beeinflußt wurden. So bezog sich US-Präsident Bush in seinen Verlautbarungen mehrfach auf Berichte des privaten Fernsehsenders CNN (Cable News Network) statt auf Erkenntnisse seines Geheimdienstes CIA (Central Intelligence Agency). Man bedenke in diesem Zusammenhang auch die offizielle Zensur und die rigide Akkreditierungspolitik der Alliierten, die Schere im Kopf der Reporter und das allgegenwärtige Insert »Cleared by ...«.

Einen weiteren Bezug, allerdings unter umgekehrten Vorzeichen, lieferten die überraschend friedlichen Revolutionen in den Staaten des einstigen Ostblocks. In Ungarn, Polen, Rumänien, der UdSSR, der Deutschen Demokratischen Republik, der Tschechoslowakei und anderswo beanspruchten die Menschen das demokratische Selbstbestimmungsrecht. Gefügig hatte bis dahin das zentral gelenkte Fernsehen in diesen Ländern quasi monopolistisch das gesamte Spektrum an erwünschter Propaganda verbreitet. Doch vergebens – die ideologische und wirtschaftliche Basis war längst zerrüttet, und so zerbrachen die straff geführten Diktaturen.

Zurück blieb eine Erkenntnis: Auf Dauer können auch klar politisch instrumentalisierte Mattscheiben den Sturz maroder totalitärer Systeme nicht aufhalten, die Bürger nicht endlos manipulieren.

Es ist also offensichtlich, welche Brisanz und in vielfacher Hinsicht über den Tag hinausreichende Aktualität das hier behandelte Thema noch immer besitzt. Der Leser wird vieles entdecken können, was von den Ideen und Inhalten, den Absichten und Strukturen des Fernsehens unter dem Hakenkreuz bis heute überleben konnte (von den Protagonisten einmal ganz abgesehen). Und so kann sich sein Blick schärfen in einer Zeit, in der der italienische Ministerpräsident und europäische Medienmogul Silvio Berlusconi mit Neofaschisten koaliert und in der dessen Geschäftspartner und Kohlfreund Leo Kirch schon in Alfred Hugenbergs Schuhen steckt.

Zur begrifflichen Klärung sei folgendes vorangeschickt: Unter dem Begriff ›Fernsehen‹ wird im folgenden ausdrücklich der technische Übertragungsvorgang von sichtbaren, bewegten Vorgängen mit Hilfe elektromagnetischer Wellen oder über Kabel verstanden. Frühe Versuche und unterschiedliche Anwendungsverfahren können somit unter diesem Terminus behandelt werden. Die Übertragung ruhender Vorlagen, etwa eines ›Bildfeldes‹, ist zwar kein Fernsehen im engeren Sinne dieser Begrifflichkeit, wird aber wegen der technischen Verwandtschaft auch Gegenstand dieser Arbeit sein.

Eine Differenzierbarkeit zwischen Fernsehen und Bildfeldübertragungen ergab sich im übrigen erst im Laufe der technischen Entwicklungsgeschichte; aus letzteren entwikkelten sich in jüngerer Zeit Kommunikationsmittel wie Telefax, Videotext und Btx. Der Unterschied liegt im Prinzip allein in der Geschwindigkeit: Das Fernsehen setzt wie das Kino den Beobachter in die Lage, aufgrund der natürlichen Trägheit des menschlichen Auges (Visionspersistenz) die rasch wechselnden statischen Bilder als bewegte wahrzunehmen.

Der Begriff ›Rundfunk‹ schließt das Fernsehen mit ein; ist also nicht als Synonym für Hörfunk gemeint. Ist ausschließlich dieser gemeint, so wird im folgenden von Radio oder eben Hörfunk die Rede sein.

Der Verfasser dankt Hans-Peter Siebenhaar für ermutigende Ratschläge, Berit Zeutschner sowie Ute und Karsten Luzay für konstruktive Kritik, Holger Sandig und Wolfgang Buhl für wohlwollende Beurteilungen, Sonja Igel für Ansporn und Rückhalt und ganz besonders Angela Nitsche für viel qualifizierte und selbstlose Hilfe, die sie trotz wichtiger eigener Arbeit gern leistete.

Die Anfänge des Fernsehens in Deutschland

Als die Nationalsozialisten am 30. Januar 1933 in Deutschland die Macht übernahmen, konnte das Fernsehen bereits auf eine beinahe hundertjährige Entwicklung zurückblicken.

Das folgende Kapitel hat somit zwei wichtige Aspekte der medialen Genese zu untersuchen: zum einen die technische Reifung des audiovisuellen Kommunikationsträgers vom Kopiertelegraphen Alexander Bains bis zur ersten vollelektronischen Übertragung durch Manfred von Ardenne; zum anderen den Umgang mit dem Fernsehen in der Weimarer Republik.

Frühe Visionen und viele Väter

> »Es wird mir immer ein Rätsel bleiben, wie jemand das Fernsehen erfinden konnte, obwohl es doch damals gar kein Programm gab.«
>
> *Robert Lembke*

In den Geschichten aus Tausendundeiner Nacht und in den utopischen Romanen von Jules Verne ist das ›Fernsehen‹ ein wiederkehrendes Motiv. Auch Goethe läßt seinen Faust das Bild der fernen Helena sehen, und Schneewittchens Stiefmutter ist selbst über die Vorkommnisse hinter den sieben Bergen stets auf dem laufenden. Der Beginn der wissenschaftlichen Beschäftigung mit diesem Zweig der Telekommunikation liegt in der Mitte des 19. Jahrhunderts.

Der erste Vorläufer des Fernsehens war die Bildtelegraphie. Es handelte sich dabei um die drahtgebundene Übertragung unbewegter Bilder. So entwickelte der schottische Uhrmacher Alexander Bain im Jahre 1843 einen ›Kopiertelegraphen‹, wobei er bereits die beiden grundlegenden Konzepte der zeilenweisen Abtastung der Bildvorlage und des Synchronismus von Bildgeber und Bildempfänger erfolgreich anwandte. Tatsächlich war der Kopiertelegraph in erster Linie ein Vorgänger des heutigen Telefax, das es ja auch ermöglicht, Bildvorlagen via Kabel anderenorts zu reproduzieren.

Bain beschriftete zu diesem Zweck eine Metallfolie mit nichtleitender Tinte und wickelte diese dann um einen Zylinder, der rotierte und dabei von einem Metallstift abgetastet wurde. Wann immer der unter elektrischer Spannung stehende Stift auf die nichtleitende Tinte traf, wurde der Stromfluß unterbrochen und zugleich ein Impuls an den Empfänger weitergeleitet, bei dem sich ebenfalls ein Zylinder drehte, um den ein chemisch präpariertes Blatt gespannt war, das von einem Metallstift abgetastet wurde. Jeder Impuls an der Empfängerseite sorgte dafür, daß der Stift das Papier an dieser Stelle blau färbte. Die synchrone Bewegung von Sender und Empfänger führte so zu einer originalgetreuen Kopie.

Zukunftsweisend in Richtung auf eine schnellere Abfolge der Bilder war eine Entdeckung des englischen Kabelingenieurs Willoughby Smith im Jahre 1873. Bei der Vermessung von Tiefseekabeln fand er heraus, daß das chemische Element Selen unter Lichteinwirkung eine deutlich größere elektrische Leitfähigkeit besitzt.

Die Bedeutung dieser Eigenschaft des Selens für Fernsehzwecke erkannte zuerst der portugiesische Physikprofessor Adriano de Pavia. Er schlug vor, ein Bild auf eine mit diesem Element bedeckte Metallplatte zu projizieren und deren

Oberfläche rund zehnmal in der Sekunde mit einem Metallstift abzutasten. Bei der Abtastung der hellen Lichtpunkte sollte auf der Empfängerseite eine synchron mit dem Bildgeberstift bewegte Glühlampe aufleuchten. Obgleich diese Idee niemals realisiert wurde, war sie für den Fernsehpionier Dénes von Mihály »der erste reale Schritt zur Lösung des Fernsehproblems«[2].

Paul Nipkow, ein damals 23jähriger Student der Naturwissenschaften, war es, der den nächsten Schritt tat. Am 6. Januar 1884 reichte er beim Berliner Patentamt eine Schrift ein, die mit den Worten begann: »Der hier zu beschreibende Apparat hat den Zweck, ein am Orte A befindliches Objekt an einem beliebigen Orte B sichtbar zu machen.«[3] Seine grundsätzliche Neuerung war die sogenannte ›Nipkow-Scheibe‹, eine rotierende Spirallochscheibe zur Abtastung des Bildfeldes. Der Erfinder erinnerte sich fast 50 Jahre später:

»Es war am Heiligen Abend 1883 in Berlin [...] in meiner Studentenbude, Philippstraße 13 a, gegenüber der Kirche. Ich saß allein, vor mir eine Petroleumlampe, ich allein mit meinen Lieblingsgedanken. Da kam mir endlich die Lösung, mühelos, automatisch, die Generalidee des Fernsehens. Da sah ich ein Bild mosaikartig in Punkte und Zeilen zerlegt und eine spiralgelochte rotierende Scheibe. Dabei wurden die Lichtpunktserien in entsprechende elektrische Impulsserien verwandelt und dann im Empfänger wieder vermittels einer gleichlaufenden Lochscheibe zu einem Bild zusammengesetzt. [...] Jedoch ging all diesen Gedanken die Überlegung voraus, daß das Fernsehen nur gelingen konnte unter Ausnutzung der Trägheit des Auges.«[4]

Ein Jahr später wurde Nipkow als Konstrukteur einer Berliner Eisenbahn-Signalgesellschaft angestellt. Sein Patent verfiel, doch das von ihm entwickelte Prinzip bildete für ein halbes Jahrhundert die Grundlage der Fernsehtechnik, obgleich

Der Heimempfänger DE 7 (Innenaufbau) der Fernseh-A.G. von 1938 erzeugte mit Hilfe einer Braunschen Röhre ein Bild von 20 × 23 Zentimetern.

es rein physikalisch betrachtet im Vergleich zu den Ideen de Pavias einen Rückschritt bedeutete. Doch erst Anfang der dreißiger Jahre sollte sich die Überlegenheit elektronischer gegenüber mechanisch-optischen Übertragungsverfahren herausstellen und damit, daß die Nipkow-Scheibe eine technische Sackgasse war.

Der nächste Meilenstein war eine Erfindung, die zunächst nichts mit dem Fernsehen zu tun haben schien: die ›Braunsche Röhre‹. Der Physiker Ferdinand Braun (1850-1918), Professor an der Straßburger Universität, entwickelte im Jahre 1897 die später nach ihm benannte Kathodenstrahlröhre. Dabei handelt es sich um eine flaschenförmige Niederdruck-Glasröhre, in der ein Elektronenstrahl auf einen phosphoreszierenden Leuchtschirm auftrifft. Auf seinem Weg wird der

Strahl durch zwei elektrisch aufgeladene Ablenkplattenpaare aus seiner ursprünglichen Richtung gebracht. Das Prinzip der Braunschen Röhre ist heute in Form des Bildschirms genuiner Bestandteil der Fernsehtechnik geworden. Der Erfinder aber hatte für diese Verwendungsmöglichkeit seiner Apparatur kein Verständnis. Er wurde sogar ernsthaft ungehalten, als sein Assistent, der damals 23jährige Max Diekmann, die Kathodenstrahlröhre für Fernsehexperimente verwandte. Als ernsthaftem Physiker schien Braun das Fernsehen eine nicht realisierbare technische Utopie zu sein. Diekmann berichtet: »Braun war nicht begeistert, daß seine Kathodenstrahlröhre ausgerechnet für Fernsehversuche eine Rolle spielen sollte. Fernsehen war damals sehr unbeliebt – ähnlich wie das Perpetuum mobile.«[5]

Max Diekmann und sein Freund Gustav Glage ließen sich jedoch davon nicht beirren und reichten im September 1906 die Patentschrift für ein Gerät ein, das unter Verwendung der Nipkow-Scheibe und der Braunschen Röhre immerhin zehn Bilder pro Sekunde mit zwanzig Zeilen übertrug. Diekmann war der erste, der nicht nur die Braunsche Röhre und die Nipkow-Scheibe gemeinsam für Fernsehzwecke verwandte, sondern auch den praktischen Nachweis der Brauchbarkeit seiner Anlage erbrachte.

Der Erste Weltkrieg sorgte in den folgenden Jahren dafür, daß die Idee des Fernsehens zunächst in den Hintergrund trat, bis sich gegen Anfang der zwanziger Jahre gleichzeitig eine Reihe von Forschern erneut diesem Problem zuwandten. Es waren dies vor allem John Logie Baird in England, Charles F. Jenkins und Wladimir K. Zworykin in den USA, René Barthélémy in Frankreich sowie August Karolus und Dénes von Mihály in Deutschland.

Letzterer, ein Forscher ungarischer Herkunft, baute schon 1919 in Berlin seinen ersten ›Telehor‹[6], mit dem er

Buchstaben oder bewegte Objekte wie Zangen oder Scheren drahtlos über eine Entfernung von bis zu fünf Kilometern sichtbar machen konnte. Karolus begann erst 1923 an der Universität Leipzig mit eigenen Versuchen. Seine Fernsehbilder, die er im Herbst des folgenden Jahres führenden deutschen Industriellen und dem Reichsrundfunkkommissar Hans Bredow vorstellte, hatten 48 Zeilen und zehn Bildwechsel in der Sekunde. 1926/27 war sein Apparat bei gleicher Zeilenzahl schon 12,5 Bildwechsel pro Sekunde schnell, und das mit einem immerhin 30 x 40 Zentimeter großen Bildschirm. Demgegenüber maß das Fernsehbild Mihálys nur 4 x 4 Zentimeter; sein Prototyp von 1928 reproduzierte 900 Bildpunkte auf dreißig Zeilen mit zehn Bildern pro Sekunde.

Beide Forscher waren mit ihren Apparaten auf der Berliner Funkausstellung von 1928 vertreten: Mihály auf dem Stand der Reichspost und Karolus auf dem Stand der Firma Telefunken, für die er von 1924 bis 1945 als Berater tätig war. Die öffentlichen Reaktionen auf die Vorführung der beiden Modelle waren gemischt. Einerseits wurden sie als Sensation betrachtet, andererseits waren viele enttäuscht über das flakkernde und unscharfe Bild. Bei dieser Gelegenheit sah der 65jährige Paul Nipkow zum ersten Mal, was aus ›seiner‹ Idee geworden war:

»Die Fernseher befanden sich in dunklen Zellen, und davor standen Hunderte und warteten geduldig auf den Augenblick, in dem sie zum ersten Male fernsehen sollten. Unter ihnen wartete auch ich und wurde immer nervöser. Was ich 45 Jahre zuvor erdacht hatte, sollte ich nun erstmalig wirklich sehen. Endlich war ich an der Reihe und trat ein. Ein dunkles Tuch wird zur Seite geschoben, und nun sehe ich vor mir eine flimmernde Lichtfläche, auf der sich etwas bewegt. Es war aber nicht gut zu erkennen.«[7]

Wenige Monate später, am 8. März 1929 zwischen 23.10 und 0.30 Uhr, begann die Reichspost die Ausstrahlung drahtloser

Fernsehübertragungen (noch ohne Ton) mit einem Gerät, das sie für 25000 Reichsmark von Mihálys Telehor AG erworben hatte. Zum Empfang dieser ersten Fernseh-Versuchssendungen dienten damals noch handelsübliche Radiogeräte, wobei die Bildröhre wie ein Lautsprecher zusätzlich angeschlossen werden mußte.

Von da an wurden täglich, und zwar regelmäßig zwischen 13 und 14 Uhr sowie häufig auch noch von 9 bis 10 Uhr, Dias, Bildvorlagen und Filmausschnitte gesendet, wobei der Bildgeber im Maschinenkeller des Berliner Radiosenders in Witzleben stand. Ab dem 15. Juni 1931 kamen Experimente mit Tonfilmausschnitten[8] vom Kurzwellensender Döberitz hinzu. Schon damals befürchtete die Filmindustrie, daß das »Fernsehen zum Kino im Heim« wird.

Anfang 1930 war im Auftrag der Reichspost der erste für Fernsehsendungen bestimmte Film, *Morgenstunde hat Gold im Munde,* produziert worden. Der Kurzfilm wurde von der Commerzfilm AG in Berlin unter der Leitung von Franz Banneitz, dem Chef des Fernsehreferats im Reichspost-Zentralamt, hergestellt. Er entstand weniger in der Absicht, eine eigene Dramaturgie für das neue Medium zu entwickeln, als vielmehr aus Gründen der Zweckästhetik: Das bis zu diesem Zeitpunkt benutzte ›normale‹ Filmmaterial wurde nämlich der geringen Auflösung der damaligen Fernsehtechnik nicht gerecht. Nun bemühte man sich, mit groben Bewegungsabläufen, einfachen Gesten und möglichst wenig detaillierten Bildern den technischen Möglichkeiten Rechnung zu tragen.

Auf der Berliner Funkausstellung desselben Jahres wurden Ton- und Bildvorlagen aus dem Fernsehlaboratorium des Reichspost-Zentralamts in Witzleben zum Messestand der Reichspost übertragen. Interessant ist in diesem Zusammenhang, daß bereits 1930 die Nürnberger Firma TeKaDe einen Empfänger-Baukasten zum Preis von 184 Reichsmark (plus 11,50 Reichsmark Lizenzgebühr)[9] anbot, der die Wiedergabe von Fernseh-Versuchssendungen nach der deutschen und englischen Norm ermöglichte.

Zu diesem Zeitpunkt schien man an die Grenzen der technischen Entwicklungsfähigkeit des Fernsehens gestoßen zu sein. Auf der Bildgeberseite waren zwar mit der Nipkow-Scheibe Bilder von bis zu 100 Zeilen und bis zu 25 Bildwechsel pro Sekunde produziert worden, doch dieses den Gesetzen der Mechanik und damit der Trägheit unterworfene Gerät war Anfang der dreißiger Jahre ausgereizt und ließ kaum weitere Steigerungen der Bildqualität zu.

Das Problem löste Manfred von Ardenne, indem er als erster in Deutschland die Braunsche Röhre nicht nur beim Bildempfänger, sondern auch beim Bildgeber einsetzte. Bereits am 29. Dezember 1923 hatte Wladimir K. Zworykin in den USA ein Patent für ein rein elektronisches Fernseh-System angemeldet. Der russischstämmige Forscher verwirklichte nicht nur als erster den Gedanken des elektronischen Bildabtasters, den er später ›Ikonoskop‹ nannte, sondern verfolgte ihn auch beinahe 40 Jahre bis zur industriellen Serienproduktion.

An die Stelle der mechanischen Nipkow-Scheibe trat bei Manfred von Ardenne der elektronische ›Leuchtschirmabtaster‹, der folgendermaßen arbeitete: Das zu übertragende Objekt wurde durch eine Linse auf die ›Wandlerschicht‹ der Kameraröhre projiziert, wo das optische Bild in ein elektrisches Bild umgewandelt wurde. Jeder Punkt der Wandlerschicht wirkte wie ein Kondensator, wobei er um so höhere elektrische Ladung kumulierte, je mehr Licht dort einfiel. Erreichte nun der zeilenweise abtastende Elektronenstrahl diesen Bildpunkt, so gab er die seit seiner letzten Abtastung gesammelte Ladung ab. Dieses System ermöglichte eine weit schnellere und präzisere Kodierung und Übermittlung eines Abbildes als je zuvor erreicht. Auf der Funkausstellung 1931 konnte von Ardenne gemeinsam mit der Firma Loewe ein vollelektronisches Fernsehen mit 100 Zeilen bei 20 Bildwechseln pro Sekunde öffentlich vorstellen. Eine erste Demonstration dieses Verfahrens war ihm schon am 14. Dezember 1930 geglückt.

Damit war aber das Zeitalter der mechanisch-optischen Abtastung noch nicht vorbei, denn ein Vergleich der Apparatur von Ardennes ergab, »daß die mit ihr erzielbare Bildschärfe hinter derjenigen einer Nipkow-Scheibe zurückbleibt. Es liegt dies in dem natürlichen Nachleuchten aller bekannten Schirmpräparate, welches zur Folge hat, daß man es [...] gar nicht mit einem wohl definierten leuchtenden Punkt, sondern mit einem Lichtschweif [...] zu tun hat.« [10]

Eine weitere wichtige Neuerung des Jahres 1930 war ein Patent des Telefunken-Technikers Fritz Schröter, das sogenannte ›Zeilensprungverfahren‹ (bei modernen Computerbildschirmen als ›interlaced modus‹ geringgeschätzt). Danach wurde nur noch jede zweite Bildzeile im Wechsel übertragen, was optisch die Bildwechselzahl verdoppelte und erheblich zu einer flimmerfreien Wiedergabe beitrug. Diese Technik wurde jedoch erst 1935, dann aber gleichzeitig bei Telefunken, TeKaDe und Loewe eingesetzt.

Anfang 1932 benutzte das Reichspost-Zentralamt erstmals einen UKW-Sender für Übertragungen von 60 bis 120 Bildzeilen. Gegenüber den vorherigen Versuchen über Lang-, Mittel- und zuletzt Kurzwelle ließ sich gerade im UKW-Bereich durch die größere Modulationsfähigkeit die Übertragungsqualität beträchtlich steigern. Gleichzeitig begann man hier, Bildröhren für die Empfängerseite herzustellen. Unter Federführung des Leuchtstoffchemikers

Schlede wurde der lichtökonomische Wirkungsgrad deutlich verbessert und mit ersten Hochvakuumröhren experimentiert.

Bis 1932 war es noch nicht gelungen, einen hochauflösenden Bildgeber (mit mehr als 3000 Bildpunkten) für Live-Sendungen zu bauen, der bei Tageslicht arbeitet. Nun realisierte der Ingenieur Schubert bei der Fernseh AG als erster den schon früher vorgeschlagenen Umweg über die Abtastung eines kinematographischen Klischees. Die schon 1922 von Langer, einem Mitarbeiter Mihálys, erwähnte Technik war rund zehn Jahre lang unbeachtet geblieben: Hierbei wurde ein Spezialfilm nach der Aufnahme in knapp 90 Sekunden entwickelt und durchlief dann (noch naß) einen Filmgeber. Dieses ›Zwischenfilmverfahren‹ sollte für das Fernsehen im Dritten Reich noch eine wichtige Rolle spielen.

Fernsehen in der Weimarer Republik

> »Künstlerisch zu verantwortendes, die Ansprüche des Publikums dauernd befriedigendes Fernsehprogramm läßt sich zur Zeit noch nicht durchführen.«
>
> *Hans Bredow am 21. August 1930*

Zwischen 1918 und 1933 trat die Entwicklung des Fernsehens in eine neue Phase. Waren es zuvor eher Bastler und Erfinder, die praktisch im Verborgenen Fernsehexperimente durchführten, so beteiligten sich nun auch andere auf dem Gebiet der Matt- und Nipkow-Scheiben. Vornehmlich waren dies die großen Funk- und Elektrokonzerne, die einen wachstumsträchtigen Markt erkannten, aber auch die Reichspost, die sich allein schon ihrer Hoheitsrechte wegen für alle Formen der Telekommunikation brennend interessierte. Dieses wachsende Engagement kennzeichnet einen bedeutsamen Wendepunkt: Immer weniger galt das Fernsehen als unrealisierbare Utopie, und immer schneller wuchs die Zahl derjenigen, die mit seiner baldigen Einführung rechneten.

Zu Beginn der zwanziger Jahre waren die drei größten Unternehmen der Funkindustrie, Telefunken, Lorenz und Huth, im Besitz aller wesentlichen Patente für die Herstellung von Radioempfängern. Als mit der ›Deutschen Stunde‹ in Berlin am 29. Oktober 1923 der erste öffentliche Radiosender in Deutschland damit begann, ein regelmäßiges Programm auszustrahlen, erwies sich das neue Medium als extrem dynamischer Markt. Bereits Anfang 1926 gab es eine Million registrierte Hörfunkteilnehmer in Deutschland. Nicht zu unterschätzen ist außerdem der damalige Markt für Ersatzteile und Zubehör (Detektoren, Kopfhörer etc.), insbesondere wegen der großen Zahl an Funkamateuren, die sich ihre Empfangsgeräte selbst bauten. Man denke in diesem Zusammenhang nur an die Arbeiter-Radio-Bewegung.

Kleinere Firmen durften sich an diesem Geschäft nur gegen Zahlung hoher Lizenzgebühren beteiligen. Dementsprechend war die wirtschaftliche Lage der Branchenführer zu dieser Zeit ausgezeichnet. Weil viele für das Fernsehen einen ähnlichen Boom voraussahen, begann nun der Wettlauf um Rechte und Patente auch in diesem Bereich. Die gezielte Förderung der Grundlagenforschung durch die Großindustrie bestimmte so das hohe Tempo der technischen Entwicklung in den zwanziger und Anfang der dreißiger Jahre entscheidend mit.

1923 veröffentlichte Dénes von Mihály sein Buch *Das elektrische Fernsehen und das Telehor*. Darin beschrieb er die breiten Verwendungsmöglichkeiten des neuen Kommunikationsträgers. Für das Massenpublikum schwebten ihm kinoähnliche Fernsehtheater vor; hier sollten bedeutende Ereig-

Fernsehpionier Dénes von Mihály (l.) im Jahre 1931 mit einem von ihm konstruierten Fernsehgerät (1931) auf der Basis der Nipkow-Scheibe.

nisse live gezeigt werden. Mihály verstand es aber auch geschickt, die Begehrlichkeiten anderer Kreise zu wecken:

»Eine auf einem Flugapparat angebrachte Bildaufnahmestation, welche auf drahtlose Übermittlung eingerichtet ist, gibt sofort [...] die genauen Stellungen des Feindes an, die Artilleriestellungen, Truppenbewegungen, Einschläge der eigenen Artillerie und somit zahlreiche Möglichkeiten zum Einschießen derselben. Nicht minder wichtig ist der Umstand, daß der Generalstab zu jeder Zeit innerhalb weniger Sekunden sich über die genaue Verteilung der eigenen Truppen informieren kann sowie die Möglichkeit einer vollkommen zentralisierten Leitung gegeben ist.« [11]

Dieser Appell für großtechnologische Investitionen auf militärischem Gebiet dürfte sicherlich dazu beigetragen haben, das Interesse der Unternehmen weiter zu steigern. So bemühten sich auch die Elektrokonzerne AEG, Siemens &

Halske und besonders ihr gemeinsames Tochterunternehmen Telefunken[12] sehr, bei der Entwicklung des neuen Kommunikationsträgers einen Vorsprung zu gewinnen. Die Bedeutung der Industrie für die Entwicklung des Fernsehens in der Weimarer Republik zeigt sich allein schon an der Tatsache, daß die beiden führenden deutschen Forscher auf diesem Gebiet seit 1924 bei Branchenriesen Beraterverträge hatten: Karolus bei Telefunken und Mihály bei der AEG.

Bereits 1924 waren Telefunken und Siemens & Halske von der technischen Reife derart überzeugt, daß sie Reichsrundfunkkommissar Bredow mitteilen ließen, mit der Einführung des Fernsehens sei in Kürze zu rechnen. Bredow gab diese Absicht am 14. Juli 1924 bei seiner Festrede zur Eröffnung des Reichssenders Königsberg öffentlich bekannt. Wie wir heute wissen, war die Prognose zu optimistisch, aber sie verdeutlicht anschaulich die damalige Aufbruchsstimmung.

In den Jahren 1925/26 veränderten die Nachwehen der Weltwirtschaftskrise die Unternehmenslandschaft entscheidend. Wegen Absatzschwierigkeiten und Kapitalmangels mußten über 35 Prozent aller Radios produzierenden Firmen schließen. Sogar das bis dahin drittgrößte Unternehmen der Funkindustrie, die Firma Huth, war gezwungen, Konkurs anzumelden. Telefunken und Lorenz indes traten Mitte 1926 gestärkt aus der Krise hervor. Zu ihnen gesellte sich nun die Radio AG Loewe.

Um gegen die beiden übermächtigen Konkurrenten im Fernsehgeschäft zu bestehen, gründete Loewe gemeinsam mit Bosch, dem drittgrößten Elektrokonzern Deutschlands, den Zeiss-Ikon-Werken und der britischen Baird Television Company (BTC) am 11. Juni 1929 mit einem Stammkapital von 100000 Reichsmark die Fernseh AG. Ihr Zweck war der »Erwerb und die Verwendung von Schutzrechten auf dem

Gebiet des Fernsehens sowie die Herstellung und der Vertrieb von Fernsehgeräten aller Art«[13]. Dieser Zusammenschluß war ein wirtschaftlicher Schachzug erster Güte, brachten doch alle beteiligten Unternehmen reiche Erfahrungen in unterschiedlichen Bereichen der Fernsehtechnik mit. Loewe hatte sich in der Röhren- und Verstärkertechnik, Bosch in der Feinmechanik und Meßtechnik profiliert. John Logie Baird war eine Kapazität bei der mechanischen Bildzerlegung, und Zeiss-Ikon brachte das nötige Know-how auf dem Gebiet der optischen Geräte ein. Zu Telefunken und der Reichspost, die bis dahin die bestimmenden Kräfte beim Fernsehen gewesen waren, trat nun die Fernseh AG als ›dritte Macht‹.[14]

In der Folgezeit, ab 1929, entwickelte die Industrie zweierlei Konzepte für Empfangsgeräte. Allerdings ging kein einziges von ihnen je in Serie, was wohl auch an den dauernd wechselnden Normen für die Bildauflösung lag; erhöhte doch die Reichspost ihre Zeilennorm kontinuierlich von 30 im Jahre 1929 über 48 (1931) und 90 (1932) auf 180 (1934) und schließlich 441 Zeilen (1937).

Beide waren vor allem als Empfänger für ausgestrahlte Kinofilme konzipiert. Zum einen gab es die teuren Heimempfänger, sperrige, mahagoni- oder nußbaumverkleidete Luxusmöbel für Privilegierte, zum anderen Projektionsanlagen für kinoähnliche Fernsehstuben und damit für all jene, die sich den individuellen Empfang zunächst kaum hätten leisten können. Die beiden Konzepte unterschieden sich schon damals vor allem in ihrer rezeptionellen Zielsetzung, wie später noch näher zu erläutern sein wird (vgl. S. 143 ff.).

Als ebenso wichtig wie das Engagement der Großindustrie für die rasche Entwicklung des Fernsehens in jenen Jahren erwies sich das wachsende Interesse der Reichspost. Überdies stimulierte ihr Einsatz die Bemühungen der Industrie auf dem Gebiet des Fernsehens. So wandte die Reichspost allein in den Jahren 1929/30 rund 200000 Reichsmark für den Erwerb von Fernseh-Einrichtungen auf, die die Unternehmen produziert hatten.

Im Dezember 1926 wurde beim Telegraphentechnischen Reichsamt, dem späteren Reichspost-Zentralamt, das Referat IV G (Drahtlose Telegraphie und Sonderaufgaben) eingerichtet. Sein Leiter, Franz Banneitz, erhielt den Auftrag, die Entwicklung auf dem Gebiet des Fernsehens zu beobachten und durch regelmäßige Übertragungen den Fortschritt zu fördern. Dies geschah unter Einbeziehung des zu dieser Zeit führenden Fernsehforschers in Deutschland, Dénes von Mihály. Keine zwei Jahre nach der Gründung, auf der Funkausstellung von 1928, konnte Mihály am Stand der Reichspost erstmals öffentlich Fernsehen vorstellen.

Anfang 1929 erhielten Mihály und die Reichspost Unterstützung von unerwarteter Seite: Auf Einladung Bredows kam der schottische Fernsehforscher John Logie Baird nach Berlin, eine herausragende Kapazität in diesem Fach. Weil er in Deutschland weit günstigere Bedingungen und mehr Beachtung für seine Arbeit fand als in seinem Heimatland, schloß er sich Mihály an und arbeitete mit ihm im mittlerweile erweiterten Laboratorium der Reichspost. Die Zusammenarbeit beider erwies sich als fruchtbar: Unter ihrer Regie wurden 1929 die ersten regelmäßigen ›Fernsehrundfunkversuche‹ der Deutschen Reichspost durchgeführt.

Weit weniger erfolgreich verliefen die sogenannten ›Fulton Bildrundfunkversuche‹ der Reichspost, die von Mai bis Dezember 1929 stattfanden. Alexander Bains Kopiertelegraph stand bei diesem Verfahren Pate. In den Mittagsstunden übertrug der Berliner Radiosender nach der Ankündigung »Wir bringen Bildfunksendungen nach dem

Fultograph-System« ein seltsames, brummendes Geräusch. Mit Hilfe eines Zusatzgerätes, des ›Fulton-Heimempfängers‹, konnte der Radiohörer diese Signale in Bilder umwandeln.

Der Fulton-Heimempfänger bestand im wesentlichen aus einer Bildwalze, um die ein elektrochemisch empfindliches Papier gespannt war. Auf der sich langsam drehenden Walze entstand durch Umsetzung der Radiosignale innerhalb von vier bis fünf Minuten ein neun mal zwölf Zentimeter großes Bild. Diese gelbbraunen, verschwommenen Bilder waren als Illustration der Radionachrichten gedacht.

Bredow selbst hatte die Versuche angeregt, doch das Interesse der Öffentlichkeit war gering, und so wurden sie nach relativ kurzer Zeit eingestellt. Immerhin zeigt diese Episode, welche Anstrengungen unterschiedlichster Art die Reichspost gegen Ende der zwanziger Jahre unternahm, um das Problem Fernsehen in den Griff zu bekommen. Ein ausgesprochen deutsches Phänomen: In keinem anderen Staat der Welt war damals eine Behörde derart intensiv an der technischen Entwicklung des neuen Mediums beteiligt.

Im Winter des Jahres 1930 verwandelte sich der Optimismus von Postministerium und Reichsrundfunkkommissar Bredow in Resignation. Zunehmend setzte sich die Erkenntnis durch, »daß das Fernsehen nach dem gegenwärtigen Stand der Technik niemanden zu befriedigen vermag«.[15] Die Schlußfolgerung war denkbar einfach: »Wir wenden meines Erachtens jetzt zuviel Personal und Geld dafür auf.«[16] Eines der ersten Opfer der unmittelbar einsetzenden Sparpolitik der Post war Mihálys Telehor AG, die dieser noch 1930 an die Süddeutsche Telefonapparate-, Kabel- und Drahtwerke AG (TeKaDe) in Nürnberg verkaufen mußte. Im Frühjahr 1932 bezog das Fernsehreferat des Reichspost-Zentralamts drei Räume im Berliner ›Haus des Rundfunks‹, wo es seine

Arbeit mit den bescheidenen, von der Reichspost zur Verfügung gestellten finanziellen Mitteln fortsetzte.

Neben dem weitverbreiteten Optimismus und der Fortschrittsgläubigkeit derer, die sich in der Weimarer Zeit mit dem Fernsehen beschäftigten, gab es aber auch skeptische Stimmen, wie die des Regierungsrats und Mitglieds des Reichspatentamts Walter Friedel, der in seiner 1925 erschienenen Abhandlung zu bedenken gegeben hatte:

> »Die meisten Ereignisse dürften den Transport und die Aufstellung eines Fernsehers samt Sendestation nicht lohnen. Ob sich der Bau von Vorführungstheatern für Fernsehbilder rentieren würde, erscheint mehr als fraglich, denn man darf nicht vergessen, daß sich nicht zu jeder Tageszeit etwas Interessantes und Sehenswertes ereignet. Da bei einem Fernseher die Ereignisse nur zur selben Zeit sichtbar gemacht werden können, in der sie sich abspielen, würden vielleicht zu einer bestimmten Zeit mehrere sich zeitlich überdekkende Fernsehübertragungen stattfinden, und dann würde wieder viele Stunden lang nichts zu sehen sein. Die betreffenden Fernsehtheater würden daher meistens leer stehen. Nur wenn sich ganz welterschütternde Dinge ereignen, wie Boxkämpfe und ähnliche Sensationen, dann dürften auch die Fernsehtheater ein ›volles Haus‹ aufweisen.«[17]

Diese Kritik am Fernsehen als ›Live-Medium‹ erscheint umso weitsichtiger, wenn man in Betracht zieht, daß Mitte der zwanziger Jahre die Art seiner Nutzung noch längst nicht geklärt war. Das belegen allein schon die unterschiedlichen Termini und dahinterstehenden Konzepte, die damals synonym oder konkurrierend zum Fernsehen gebraucht wurden: Fernkino, Bildfunk, Radiomovie, Fernsehsprechverkehr, Funkfilm, Bildrundfunk und Fernkinematographie.

Es gab zwar frühe Versuche, Fernsehbilder zu konservieren, wie den Wachsplattenspieler Bairds, der nur wegen der damals geringen Bildauflösung (30 Zeilen) überhaupt funktionierte, oder das 1922 patentierte magnetische Aufzeichnungssystem des russischen Ingenieurs Rtcheouloff, doch brauchbare Verfahren zur Aufzeichnung elektronischer Bildinformationen wie die MAZ (magnetische Bildaufzeichnung) sollten hierzulande erst in den fünfziger Jahren zur Anwendung kommen.

Die Weichen sind gestellt

Das Fernsehen war also nicht die Erfindung eines einzelnen Forschers, sondern wurde über einen Zeitraum von etlichen Jahrzehnten durch die Arbeit vieler voneinander unabhängiger Techniker seiner Realisierung nähergebracht. Erste Vorläufer gab es zwar bereits in der Mitte des 19. Jahrhunderts, doch war Anfang der dreißiger Jahre des 20. Jahrhunderts ein regelmäßiger Programmbetrieb noch nicht realisiert worden.

Die Frage, seit wann es denn nun eigentlich Fernsehen in Deutschland gibt, ist daher nicht leicht zu beantworten. Theoretisch wurde das Problem bereits durch Paul Nipkows Patent von 1884 einer Lösung nähergebracht. Die ersten öffentlichen Vorführungen wurden auf der Funkausstellung von 1928 durch Mihály und Karolus durchgeführt, die ersten regelmäßigen drahtlosen Versuchssendungen durch die Reichspost gab es seit dem 8. März 1929. Auch wenn es in der Weimarer Zeit eine große Zahl von Versuchen mit dem Fernsehen gegeben hat, fehlte es ihm doch am wichtigsten, um als Medium zu gelten – am Publikum.

Die Hinterlassenschaft der Weimarer Republik, was das Fernsehen angeht, war indessen keineswegs auf rein technische Aspekte beschränkt. Im Gegenteil: Schon damals gab es eine Reihe von Faktoren, die sich für die weitere Geschichte des Mediums als prägend erweisen sollten. Dies waren die große Bedeutung der Funk- und Elektroindustrie, namentlich von Telefunken und der Fernseh AG, sowie der Reichspost und die signifikante Beschränkung auf den Raum Berlin, nicht nur bei der Forschung, sondern auch bei der Erprobung. Die Nähe des Fernsehens zum älteren Rundfunkmedium, dem Radio, wurde bereits in dieser Zeit deutlich, und das nicht erst, als das Fernsehreferat des Reichspost-Zentralamts 1932 drei Räume im ›Haus des Rundfunks‹ bezog.

Das Fernsehen vor 1933 war jedoch noch weit von einer medieninternen Dramaturgie und Ästhetik entfernt. Immerhin existierten schon spezifische Vorstellungen über die Möglichkeiten eines Sendebetriebs: Während einige, besonders aus Kreisen der geräteherstellenden Industrie, den flächendeckenden Heimempfänger als Ideal propagierten, verwiesen andere mit Finanzargumenten auf die Einrichtung von Fernsehtheatern nach dem Vorbild des Kinos. Da noch keine brauchbaren Verfahren zur Konservierung elektronischer Bildsignale zur Verfügung standen, sah man das zukünftige Hauptwirkungsfeld des Fernsehens in der Übertragung von Kinofilmen (Fernkino) und in der Live-Berichterstattung bei Veranstaltungen von öffentlichem Interesse.

Der NS-Staat und die Massenmedien

Wenn man sich mit dem Thema Fernsehen im Nationalsozialismus beschäftigt, ist es unerläßlich, dieses im Zusammenhang mit der allgemeinen Medienpolitik der NS-Machthaber zu sehen. Wie sich zeigen wird, war sie scharf konturiert und durch ideologische Vorgaben geprägt. Während anfangs der neue Kommunikationsträger bei den Propagandastrategen der NSDAP wegen seines geringen Verbreitungsgrades nur wenig Aufmerksamkeit fand, richtete sich ihr Augenmerk generell in starkem Maße auf die Massenmedien, unter denen das Radio, der Film und die Presse die größte Publikumsreichweite hatten.

Nur keine Öde – das Radio

> »Der Rundfunk hat die Pflicht, aktuell zu sein und darf dabei vor nichts zurückschrecken.«
> *Joseph Goebbels am 25. März 1933*

Die Verwandtschaft des Radios mit dem jüngeren Rundfunkmedium wurde von Anfang an als selbstverständlich betrachtet. Sie manifestierte sich in der sofortigen Einbeziehung des Fernsehens in die bestehende institutionelle Struktur des Hörfunks und zeigte sich an so unscheinbaren Begebenheiten wie der, daß bei den Fernsehübertragungen von der Olympiade 1936 in Berlin erfahrene Radiosprecher die

Bilder kommentierten. Vorrangig aber wurde dieses Beispiel gewählt, weil fast alle institutionellen und juristischen Veränderungen im Hörfunkwesen des Dritten Reiches das Fernsehen automatisch mitbetroffen haben.

Regelmäßige öffentliche Radiosendungen gibt es in Deutschland seit dem 29. Oktober 1923, als die ›Deutsche Stunde‹ in Berlin ihren Sendebetrieb aufnahm. Noch im selben Jahr definierte der Reichspostminister in seinem ›Bericht über die Einführung des Rundfunks‹ die Aufgaben des Hörfunks wie folgt:

»1. Er soll weitesten Kreisen des Volkes gute Unterhaltung und Belehrung durch drahtlose Musik, Vorträge und dergl. verschaffen.
2. Er soll dem Reich eine neue Einnahmequelle erschließen.
3. Durch die neue Einrichtung soll dem Reich und den Ländern die Möglichkeit gegeben werden, an große Kreise der Öffentlichkeit nach Bedarf amtliche Nachrichten auf bequeme Weise zu übermitteln; durch letzteres ist ein Weg beschritten, der für die Staatssicherheit von Bedeutung werden kann.« [18]

Entsprechend diesen Vorgaben wurden Überwachungsausschüsse installiert und zentral gesteuerte, regierungsamtliche ›Auflagenachrichten‹ übermittelt. In den ›Richtlinien über die Regelung des Rundfunks‹ von 1926 heißt es: »Die von der Nachrichtenstelle [der Reichsregierung; H.Z.] als ›Auflagenachrichten‹ bezeichneten Nachrichten müssen unverzüglich, unverkürzt, unverändert und unentgeltlich verbreitet werden.« [19]

51 Prozent der Anteile an der Reichsrundfunkgesellschaft lagen in der Hand des Post- und Innenministeriums. Das Radio als Instrument des Staates erfreute sich trotzdem großen Zuspruchs; bereits 1926 gab es eine Million Hörfunkteilnehmer. Der ›staatsmonopolistische Unterhaltungsrundfunk‹ der Weimarer Zeit sollte jedoch das Ende des Jahres 1933 nicht mehr erleben.

Am 30. Januar 1933 wurde Adolf Hitler Kanzler einer Koalitionsregierung. Der deutsche Hörfunk würdigte dieses Ereignis in charakteristischer Weise. Die Reportage vom Fackelzug der Anhänger Hitlers nahm in auffälliger Weise die künftige Dramaturgie der Übertragung von Großveranstaltungen im Radio vorweg: »Ein dauernder Jubel dringt herauf. Adolf Hitler steht mit todernstem Gesicht am Fenster, er ist eben aus seiner Arbeit herausgerissen, keine Spur von irgendwelcher Siegesstimmung oder dergleichen, eine ernste Arbeitsstimmung, die auf seinem Gesicht liegt. Er ist eben unterbrochen worden. Und doch leuchtet es in seinen Augen ...«[20]

Am 13. März trat der damals 35jährige Joseph Goebbels als jüngstes Mitglied der Regierung Hitler sein Ministeramt an. Als ›Reichsminister für Volksaufklärung und Propaganda‹ fielen die Massenmedien in seine unmittelbare Zuständigkeit. Mit Eingriffen in Struktur und Inhalt des Hörfunks ließ der Reichspropagandaleiter der NSDAP (seit 1929) und Gauleiter Berlins nicht lange auf sich warten.

Die Intendantenkonferenz am 25. März 1933 nutzte Goebbels für eine erste programmatische Rede, die über die Zukunft des Radios im nationalsozialistischen Deutschland keine Fragen offenließ. Darin sah er im Hörfunk in erster Linie ein willkommenes Instrument der politischen Propaganda, das unverzüglich in den Dienst der nationalsozialistischen Weltanschauung zu stellen sei: »Ich halte den Rundfunk für das allermodernste und für das allerwichtigste Massenbeeinflussungsinstrument, das es überhaupt gibt.«[21] Deshalb bestand für Goebbels die Hauptaufgabe des Radios in der Manipulation des Volkes in seiner Gesamtheit, mit dem einzigen Ziel: »Sie [die Massen; H.Z.] so innerlich [zu] durchtränken mit den geistigen Inhalten unserer Zeit, daß niemand mehr ausbrechen kann.«[22] Dabei dachte der Propagandaminister aber keineswegs an offensichtlich belehrende, ungeschminkt politische Sendungen. Im Gegenteil war ihm im Sinne seiner Standardfloskel »Man merkt die Absicht und wird verstimmt« sehr daran gelegen, die ideologische Botschaft ansprechend zu verpacken: »Nur nicht langweilig werden. Nur keine Öde. Nur nicht die Gesinnung auf den Präsentierteller legen. [...] Gesinnung muß sein, aber Gesinnung braucht nicht Langeweile zu bedeuten.«[23]

Gegen Ende dieser Rede bekräftigte Goebbels noch einmal unmißverständlich den ausschließlichen Anspruch seines Ressorts und seiner Person auf die Gestaltung des deutschen Hörfunks: »Selbstverständlich hat die Reichspost auch weiterhin nicht nur das Recht, sondern auch die Pflicht, Funktürme zu bauen. Was aber in den Häusern des Rundfunks selbst geschieht, ist Sache der geistigen Verwaltung.«[24]

Dieses Konzept des Propagandaministers sollte in mehr als einer Hinsicht schneller Wirklichkeit werden, als es sich die anwesenden Intendanten vorstellen konnten, und Goebbels Prophezeiung: »In einem Jahr wird man den Rundfunk gar nicht mehr wiedererkennen«[25], war alles andere als eine leere Drohung. Bereits bis zur nächsten Intendantenkonferenz am 3. und 4. Mai waren zwei Drittel der am 25. März noch anwesenden Weimarer Rundfunkintendanten kaltgestellt und durch stramme Nationalsozialisten ersetzt worden.

Schon im Februar 1933 war der Reichsrundfunkkommissar Hans Bredow entlassen worden, der ›Vater‹ des Radios in Deutschland und sein bis dahin bedeutendster Repräsentant. Seine Kompetenzen übernahm weitgehend der Vorsitzende des ›Reichsverbandes Deutscher Rundfunkteilnehmer‹[26] und Goebbels-Vertraute Eugen Hadamovsky (1904–44) auf dem neugeschaffenen Posten des ›Reichssendeleiters‹.

Für die Repräsentanten des Weimarer Hörfunks standen schwere Zeiten bevor. Mehrere exponierte Protagonisten flüchteten in den Selbstmord. Im November 1934 begann dann ein zunächst groß aufgezogener Schauprozeß gegen neun führende Radiomitarbeiter (u. a. Hans Bredow) vor dem Landgericht Berlin. Eugen Hadamovsky witzelte darüber zynisch vor Gesinnungsgenossen: »Jetzt wird Herr Kohl[27] Zeit und Gelegenheit haben, einmal [...] etwas konzentriert nachzudenken. [...] Herr Dr. Bredow hat telegraphiert, er möchte auch in ein Konzentrationslager. Der Mann will Urlaub haben.«[28] Das Verfahren wurde jedoch im März 1938 klammheimlich eingestellt, weil sich die Beschuldigungen als haltlos erwiesen hatten. Bredow wurde nach dem Prozeß sogar eine Pension zugesprochen.

Wie der Reichssendeleiter Hadamovsky zum Radio stand, beschrieb er kurz nach seiner Ernennung so: »Erst die nationalsozialistische Bewegung gab dem Rundfunk seinen eigentlichen Sinn; er verdankt ihr die Erlösung vom Abseitigen, Ästhetisierenden, Volksfremden.«[29] Für den Hörer offenbarte sich dieses Konzept zum Beispiel darin, daß allein 1933 fünfzig Hitler-Reden übertragen wurden; allabendlich gab es außerdem eine ›Stunde der Nation‹ mit Sendungen wie ›Ein Trupp SA‹, ›Erbkrank – erbgesund‹ oder ›Bauern suchen das Reich‹.

Im August 1933 wurde der ›Volksempfänger‹ vorgestellt. Bereits am ersten Tag konnte man 100000 Exemplare verkaufen. Der VE 301, eine Konstruktion des Ingenieurs Otto Griesling, kam zunächst zum Stückpreis von 76 Reichsmark auf den Markt. Bis Kriegsbeginn wurden annähernd 3,5 Millionen Geräte verkauft. Dem Volksempfänger trat 1938 der DKE (›Deutscher Kleinempfänger‹) zur Seite, der noch einfacher konstruiert war und nur 35 Reichsmark kostete.

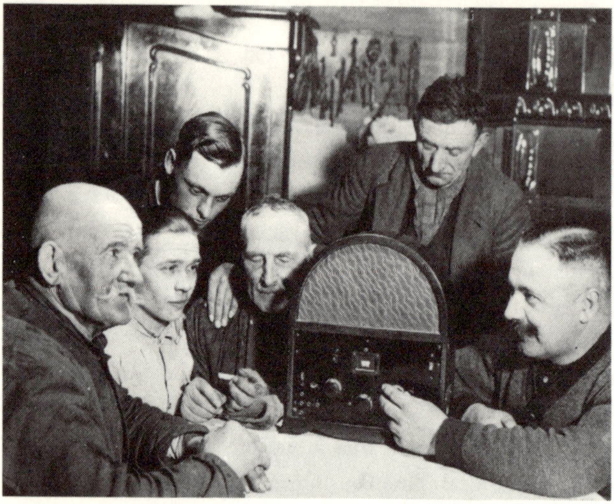

Rezeptionsideal Gemeinschaftsempfang: Bäuerliche Familie lauscht Görings Rede zum Vierjahresplan (23. März 1937).

Erstaunlich ist in diesem Zusammenhang die Tatsache, daß es kein Jahr gab, in dem der bekannte Volksempfänger auch nur 50 Prozent der in Deutschland verkauften Geräte stellte.

Goebbels verfolgte mit der forcierten Förderung dieses preiswerten Radiogeräts vor allem das naheliegende Ziel, seiner Propaganda weite Bevölkerungsschichten zu erschließen. Tatsächlich stieg die Zahl der Hörfunkteilnehmer drastisch von rund fünf Millionen Ende 1933 auf über zehn Millionen am Jahresanfang 1939.

Am 10. November 1933 kam es anläßlich einer Rede Hitlers aus den Berliner Siemens-Werken zum ersten offiziell angeordneten ›Gemeinschaftsempfang‹ in deutschen Betrieben. Der ab 1935 angebotene ›DAF-Empfänger‹ (DAF 1011) wurde eigens für den Zweck gebaut, in Betrieben den lautstarken Gruppenempfang zu ermöglichen.

Neben der Instrumentalisierung des Hörfunks für politische Zwecke, den personellen Umbesetzungen in den Anstalten und der massenorientierten Empfangsgeräteproduktion war die Zentralisierung der Rundfunkverwaltung eines der dringlichsten Ziele des Propagandaministers. Nach den Rundfunkbestimmungen aus dem Jahr 1932 besaßen die Landesregierungen neben ihren Kapitalbeteiligungen an der Reichsrundfunkgesellschaft und den regionalen Rundfunkgesellschaften das Recht zur Mitwirkung bei der Besetzung von Stellen in den Anstalten und zur Verbreitung von eigenen Auflagenachrichten.

Als Goebbels diese Kompetenzen zu übernehmen begann, stellte sich ihm vor allem sein ewiger Rivale, der preußische Ministerpräsident Hermann Göring, entschlossen entgegen. Erst die ›Verordnung über die Aufgaben des Reichsministeriums für Volksaufklärung und Propaganda‹ vom 30. Juni 1933, in der Hitler seinem Propagandaminister die alleinige Vertretung des Reiches in den Rundfunkgesellschaften übertrug, regelte den Streit zu Goebbels Gunsten. Trotzdem dauerte es noch bis zum Mai des folgenden Jahres, bis dieser die vollständige Zerschlagung der Weimarer Rundfunkordnung erreicht hatte. Erst zu diesem Zeitpunkt übertrugen die letzten Länder ihre 49prozentigen Beteiligungen an den regionalen Rundfunkgesellschaften auf die Reichsrundfunkgesellschaft, deren Anteile zu diesem Zeitpunkt bereits vollständig vom Propagandaministerium gehalten wurden.

Die Auflösung der Sendegesellschaften auf Landesebene, die Übernahme ihres Vermögens durch Goebbels Ministerium und schließlich ihre Umwandlung in ›Reichssender‹, die als unselbständige ›Filialen‹ der Reichsrundfunkgesellschaft fungierten, war aus Goebbels Sicht der gelungene Schritt zum ›Einheitsrundfunk‹ im ›nationalsozialistischen Einheitsstaat‹.

Weiterhin wurde die Gleichschaltung des Hörfunkwesens durch die Gründung der ›Nationalsozialistischen Reichsrundfunkkammer‹ betrieben, in der die Geräteproduzenten, die Fachhändler, die Radiomitarbeiter vom Techniker bis zum Sprecher und die Hörerverbände zusammengeschlossen waren.

Die ›Nationalsozialistische Rundfunkkammer‹ wurde auf Initiative von Reichssendeleiter Hadamovsky am 3. Juli 1933 als eingetragener Verein gegründet. Unter dem Schlagwort Rundfunkeinheit sollte die Rundfunkkammer eine Einheitsorganisation aller am Rundfunk Beteiligten (Mitarbeiter, Hörer, Verbände, Industrie etc.) sein. Doch dieser erste Zusammenschluß mußte schon bald einer umfassenderen Organisation weichen: Am 22. September 1933 wurde der Propagandaminister von der Reichsregierung per Gesetz beauftragt, alle kulturellen Berufe in öffentlich-rechtlichen Körperschaften zusammenzufassen. Goebbels machte sich selbst zum Präsidenten der Dachorganisation (Reichskulturkammer) und ernannte seinen Rundfunkabteilungsleiter Dreßler-Andreß zum Präsidenten der Reichsrundfunkkammer.

Diese war eine ständisch organisierte Berufsvertretung mit Zwangsmitgliedschaft: Wurde man als Mitglied nicht zugelassen, so kam das faktisch einem Berufsverbot gleich. Sie unterstand, intern klar hierarchisch gegliedert, direkt dem Ministerium für Volksaufklärung und Propaganda und damit Goebbels in persona, was als Etablierung des Führerprinzips im deutschen Hörfunk zu bewerten ist.

Das Jahr 1934 brachte zugleich eine Hinwendung zu den eingangs erwähnten, von Goebbels postulierten Maximen der verdeckten (Unterhaltungs-)Propaganda. Mit einem Mal entdeckte sich das nationalsozialistische Radio als Kulturträger: Es wurde ein breit angelegter Beethoven-Zyklus gegeben; Bach, Händel und Mozart wurden im Hörfunk gespielt und immer wieder Wagner. Dahinter stand die Absicht, eine Einheit von nationalsozialistischer Bewegung und deutscher (Hoch-)Kultur zu suggerieren. Eugen Hadamovsky umschrieb das so:

»Mit einem Programm bloßer politischer Reden aber kann er [der Hörfunk; H.Z.] ihr [der nationalsozialistischen Bewegung; H.Z.] nicht in der richtigen Weise dienen, weil der Hörer, ermüdet durch die Anstrengung seiner Aufmerksamkeit, einfach abschalten würde. [...] Der Rundfunk, wie er heute ist, enthält sich nur scheinbar der Propaganda, er bringt sie indirekt.« [30]

Die ›Klassik-Welle‹ war jedoch in dieser Heftigkeit nur ein Intermezzo, sie wurde bald darauf durch eine ungleich breitenwirksamere, gezielte Förderung des deutschen Schlagers ersetzt. Zugleich machte sich das schleichende Verbot des Jazz bemerkbar: Praktisch fiel darunter die gesamte ausländische Unterhaltungsmusik.

In eine neue Phase der Kontrolle trat das deutsche Hörfunkwesen mit Beginn des Zweiten Weltkrieges. Am Tage des Kriegsausbruchs, dem 1. September 1939, informierte das Radio seine Hörer in Sondermeldungen über die just erlassene ›Verordnung über außerordentliche Rundfunkmaßnahmen‹, die das Abhören von ›Feindsendern‹ unter Strafe stellte. In dieser Verordnung heißt es zur Begründung des Verbotes: »Jedes Wort, das der Gegner herübersendet, ist selbstverständlich verlogen und dazu bestimmt, dem deutschen Volke Schaden zuzufügen.« [31] Dem Hörer ausländischer Sender drohten künftig drakonische Maßnahmen bis hin zur Todesstrafe. Wer darin nur leere Drohungen sah, der wurde bitter enttäuscht. Allein bis 1943 wurden rund 3500 Urteile gefällt, denen das Hören mißliebiger Sender zugrunde lag.

Goebbels und sein Ministerium waren derweil vollends mit der Ausarbeitung von Kriegspropaganda beschäftigt. So war es sogar verboten, frühere Äußerungen Hitlers ohne eine spezielle Erlaubnis von Goebbels im Radio zu zitieren. Der rasche Wechsel der politischen Verhältnisse (zum Beispiel anläßlich des Molotow-Ribbentrop-Paktes) zwang den Propagandaminister mitunter binnen weniger Tage zu bizarren 180-Grad-Wendungen. Goebbels tägliche Anweisungen an Hörfunk und Presse waren akribisch bis hin zur sprachakrobatischen Wortwahl: »Die Verwendung des Begriffs ›Großdeutsches Weltreich‹ ist unerwünscht. Letzteres Wort ist für spätere Gelegenheiten vorbehalten. Das Wort ›Katastrophe‹ wird durch die Bezeichnung ›Großnotstände‹ [...] ersetzt.« [32]

Neben der gezielten Propaganda war aber auch gerade während der Kriegsjahre die Zerstreuung und Unterhaltung der ›Volksgenossen‹ ein wesentliches Element des Hörfunks unter Goebbels Patronat: »Wir gebrauchen zum Kriegführen ein Volk, das sich seine gute Laune bewahrt. Mit Kopfhängerei gewinnt man keine Schlachten.« [33]

Ein weiterer Arbeitsschwerpunkt des Goebbelsschen Ministeriums in dieser Zeit war die Auslandspropaganda, die mit gezielt über Radio verbreiteten Falschmeldungen und Gerüchten vor allem die Zivilbevölkerung der Kriegsgegner verunsichern und demoralisieren sollte.

Noch bis zum 13. Mai 1945, also fünf Tage nach der Kapitulation, arbeitete der ›Reichssender Flensburg‹, der letzte Hörfunksender des nationalsozialistischen Deutschlands, als Organ der Interims-Reichsregierung unter Admiral Dönitz. Nachdem der Krieg mit einer über das Radio verbreiteten Lüge begonnen hatte (»Seit 5.45 Uhr wird jetzt zurückgeschossen ...«) [34], endete er nun auch mit einer solchen, als

Dönitz am 2. Mai 1945 verkündete: »Unser Führer Adolf Hitler ist gefallen. [...] Am Ende dieses seines Kampfes und seines unbeirrbaren, geraden Lebensweges steht sein Heldentod in der Hauptstadt des Deutschen Reiches. Sein Leben war ein einziger Dienst für Deutschland.«[35]

Entweder Kunst oder Politik – der Film

> »Ich selbst habe an vielen Abenden der vergangenen Zeit nach den entnervenden Kämpfen des Tages mit dem Reichskanzler im Lichtspielhaus gesessen und Entspannung gefunden.«
>
> *Joseph Goebbels am 28. März 1933*

Für das Fernsehen im Dritten Reich war das Kino vor allem deshalb von großer Bedeutung, weil das Programm des ›Senders Paul Nipkow‹ zum überwiegenden Teil aus Filmen bestand. Deren inhaltliche Schwerpunkte und die Bedingungen zu kennen, unter denen sie entstanden, ist für das Verständnis des Fernsehens im Nationalsozialismus unabdingbar.

Die Machtergreifung der Nationalsozialisten wurde in der deutschen Filmwelt ganz unterschiedlich aufgenommen: Da gab es jene, die den braunen Spuk als vorübergehendes Phänomen betrachteten, andere leiteten gleich ihre Emigration in die Wege, und viele konnten sich gar nicht vorstellen, daß ein Mann wie Alfred Hugenberg, der erst 1927 den deutschen Film weitgehend unter seine Kontrolle gebracht hatte, indem er die Ufa seinem mächtigen Presseimperium angegliedert hatte, eine Beschränkung des Films zulassen würde. War doch Hugenberg zu dieser Zeit immerhin Wirtschafts- und Ernährungsminister in Hitlers Kabinett. Optimistische Gemüter erinnerten sich gar an ein Hitler-Interview aus dem Jahre 1932, in dem dieser erstaunlich liberal betont hatte: »Mir ist es zum Ekel, wenn unter dem Vorwand der Kunst Politik getrieben wird. Entweder Kunst oder Politik.«[36]

Die Beschwichtiger und Frohnaturen schienen zunächst recht zu behalten. Denn als der gerade ins Amt gesetzte Reichsminister für Volksaufklärung und Propaganda, Joseph Goebbels, am 28. März 1933 alle Filmschaffenden in den Bankettsaal des Berliner Hotels Kaiserhof einlud, waren auch dort moderate Töne zu hören. So überraschte Goebbels die fast vollständig angetretenen Spitzenleute des deutschen Films mit einer höchst bemerkenswerten Aufzählung derjenigen Streifen, die »einen unauslöschlichen Eindruck« auf ihn gemacht hätten. An erster Stelle nannte er – die Anwesenden trauten ihren Ohren kaum – den *Panzerkreuzer Potemkin*, ausgerechnet jenes einzigartige, von dem jüdischen Regisseur Eisenstein gedrehte Meisterwerk der sowjetischen Filmagitation, und bezeichnete es als »fabelhaft gemacht« und »filmische Kunst ohnegleichen«.[37] Auch die weiteren namentlich gelobten Filme, *Anna Karenina* mit Greta Garbo, *Die Nibelungen* von Fritz Lang und *Der Rebell* mit Luis Trenker, hatten zumindest eine erstaunliche Gemeinsamkeit: Kein einziger dieser Filme entstand ohne maßgebliche Beteiligung jüdischer Regisseure oder Produzenten. Doch damit der Beschwichtigungen nicht genug: »Wir wollen den Film nicht einengen und dem Filmschaffenden Grenzen ziehen. Wir lehnen jeden autoritären Doktrinismus ab«[38], sprach der Reichspropagandaminister und schien damit die Pessimisten Lügen zu strafen.

Goebbels Flirt mit der ›dekadenten Kunst‹ ging sogar soweit, daß er am Tage nach seiner Ansprache im Kaiserhof dem renommierten Regisseur Fritz Lang die Leitung des deutschen Films antrug. Ausgerechnet Fritz Lang, dessen neuester Streifen, *Das Testament des Dr. Mabuse*, gerade an diesem 29. März wegen »Gefährdung der öffentlichen Ordnung und Sicherheit« verboten worden war. Instinktsicher flüchtete Lang noch am selben Abend nach Paris.

Trotz der Anbiederungsversuche des Reichsministers wußte zumindest die Leitung der deutschen Filmindustrie, was die Stunde geschlagen hatte. In kriecherischer Antizipation der vermuteten Wünsche der neuen Herren in Deutschland entstanden nun in kurzer Folge Produktionen wie der *SA-Mann Brand* der Bavaria und der *Hitlerjunge Quex* der Ufa. Letzterer erwarb durch seine überzeugende Milieuschilderung, die guten schauspielerischen Leistungen – es wirkten etwa der populäre Mime Heinrich George und seine Frau Berta Drews mit – und die raffiniert angelegte Story den Beifall der neuen Machthaber. Weit weniger erfolgreich waren dagegen die Filme *SA-Mann Brand* und *Hans Westmar*[39], denn ihre stümperhafte Art des vorauseilenden Gehorsams war selbst Goebbels zuwider: »Auch eine ostentativ zur Schau getragene nationalsozialistische Gesinnung ersetzt noch lange nicht den Mangel an wahrer Kunst.«[40]

Diese Äußerung ist aber keineswegs als Plädoyer für die künstlerische Freiheit des Filmes zu verstehen, wie die folgenden Jahre nur zu deutlich beweisen sollten, vielmehr als ernste Mahnung, daß Speichelleckerei allein noch keine Überlebenschance bieten würde. Derselbe Goebbels, der vier Filme als vorbildlich beschrieben hatte, die unter jüdischer Beteiligung entstanden waren, erließ am 28. Juni 1933 eine Verordnung, die bestimmte, daß jeder, »der in Zukunft am Kulturgut Film mitarbeiten will, deutscher Staatsbürger und deutschstämmig sein muß.«[41]

Der Exodus vor allem jüdischer Autoren, Schauspieler, Regisseure und Produzenten ging derweil unvermindert weiter. Später sollte sich Goebbels zynisch rühmen, 3000 Filmschaffende aus dem deutschen Film entfernt zu haben – auf die eine oder andere Weise.

Die Gangart des Propagandaministers verschärfte sich nun zusehends, vor allem, nachdem er über seinen Kontrahenten Rosenberg[42] einen Sieg erringen konnte: 1936 wurde dessen ›Kampfbund der deutschen Kultur‹ Goebbels Reichskulturkammer einverleibt.

Schon im Juli 1933 hatte Goebbels die Reichsfilmkammer gegründet, die wenige Wochen später der neugeschaffenen Reichskulturkammer (Präsident: Goebbels) angegliedert worden war. Jene kontrollierte sämtliche Firmen der Filmherstellung, Filmbearbeitung und des Filmvertriebs. Auch die Reichsfilmkammer war eine ständische Berufsorganisation. Wer damals beim deutschen Film arbeiten wollte, ob als Star oder Kulissenschieber, mußte Mitglied sein. Voraussetzung für die Mitgliedschaft war neben der fachlichen Qualifikation auch »die für die Ausübung des Filmgewerbes erforderliche Zuverlässigkeit«[43], was in dieser Zeit identisch war mit politischer Unbedenklichkeit und arischer Abstammung. Ein Ausschluß aus der Kammer wurde sogar im Führungszeugnis vermerkt und galt als Vorstrafe.

Damit hatte Goebbels in kürzester Zeit die beiden wichtigsten Verwaltungsprinzipien des nationalsozialistischen Staates in die Wirklichkeit des deutschen Films umsetzen können: Gleichschaltung und Führerprinzip. Gleichschaltung bedeutete die zentralisierte Vereinigung des gesamten Filmwesens unter der Führung der Partei, und das Führerprinzip äußerte sich in der Schaffung einer klar strukturierten Hierarchie innerhalb dieser gleichgeschalteten Organisation. Beides war bereits mit der Gründung der Reichsfilmkammer gelungen.

Am 1. März 1934 trat ein neues ›Reichslichtspielgesetz‹ in

Kraft, das schon im Dezember durch neue Vorschriften erweitert wurde. Die wichtigsten Neuerungen waren die Wiedereinführung der Präventivzensur und die Zentralisierung der staatlichen Filmüberwachung in Berlin.

Außerdem wurde im Februar 1934 das Amt des Reichsfilmdramaturgen eingerichtet. Der damals erst 26jährige Willi Krause (alias Peter Hagen), zuvor Schriftleiter des *Angriff*, war der erste Mann auf diesem Posten. Ihm oblag es, alle Filmprojekte vorab zu prüfen und die Produktionsfirmen bei der Auswahl ihrer Mitarbeiter zu ›beraten‹. Ferner hatte er dafür zu sorgen, daß keine »Stoffe behandelt werden, die dem Geist der Zeit zuwiderlaufen«.[44] Überdies wurde es in seine Hände gelegt, über die Verleihung von Filmprädikaten zu befinden. Diese benutzten die Nationalsozialisten als präzises Sanktionsinstrument. Das fein abgestufte System der Prädikatverleihung belohnte mit Steuerrabatten und drohte zugleich mit Verweigerung der Zulassung bei mangelnder Linientreue.

1937 kam es zur weitgehenden Verstaatlichung des deutschen Films unter maßgeblicher Beteiligung von Max Winkler[45]: Hugenberg übergab seine Ufa-Aktien dem Reich, die Tobis und die Bavaria wurden in Staatseigentum überführt, und eine Reihe kleinerer Produktionsfirmen wurden in der ebenfalls verstaatlichten Berlin-Film GmbH zusammengeschlossen.

1942 entschloß sich Goebbels zu einer weiteren Umstrukturierung des deutschen Filmwesens mit dem Ziel der völligen Zentralisierung: Die wenigen zuvor noch relativ unabhängigen Produktionsgesellschaften wurden nun unter einer Dachgesellschaft mit dem Traditionsnamen Ufa-Film GmbH vereinigt, deren Leitung Max Winkler übernahm, der mittlerweile zum ›Reichsbeauftragten für die deutsche Filmwirtschaft‹ avanciert war.

Im Einklang mit der eingangs erwähnten Äußerung Hitlers, nach der ihm die Vermischung von Propaganda und Kunst »zum Ekel« sei, entwickelte Goebbels eine Vorliebe für den unterhaltenden Spielfilm, der gänzlich der nationalsozialistischen Realität enthoben schien. Es gab dort keine Parteisymbole, nur wenige Uniformen, und selbst die Staatsdiener benutzten nicht den ›Deutschen Gruß‹, sondern zogen den Hut und wünschten einen guten Tag.

Dieser eskapistische Aspekt war Tenor der deutschen Filmproduktion in den zwölf Jahren des Tausendjährigen Reiches.[46] Dabei war sich Goebbels sehr wohl bewußt, daß gerade der scheinbar unpolitische Unterhaltungsfilm tendenziös und politisch wirksam ist: »Es gibt keine Kunst ohne Tendenz, und die tendenziöseste ist die, deren Schöpfer behaupten, sie habe keine. [...] Die geistige und kulturelle Betreuung des Volkes wird bei längerer Dauer des Krieges immer kriegswichtiger. Unser Volk bei guter Laune zu halten, ist kriegswichtig.«[47]

Es waren die bis zu einer Stunde langen Wochenschauen, die die direkte Propaganda im Vorprogramm der Unterhaltungsware Spielfilm vermittelten. Wohl völlig unerwartet sollte der Reichspropagandaminister später sein Faible für den ›unpolitischen Unterhaltungsfilm‹ mit einer Rüge quittiert bekommen, denn was dem Führer 1932 noch »zum Ekel« war, das war ihm am 11. Dezember 1939, also nach Kriegsbeginn, hocherwünscht. Bei einem Mittagessen mit den Spitzen der Parteiführung attackierte Hitler seinen Propagandaminister aufs heftigste. Insbesondere forderte er vehement einen nationalsozialistischen Film. Goebbels vermerkte zu diesem Gespräch in seinen Tagebüchern: »Der Führer übt sehr scharfe Kritik am Film [...]. Ich halte das für nicht ganz berechtigt. Er tut das vor all den Offizieren und Adjutanten. Aber er hat das Recht dazu, er ist ein Genie.«[48]

Filmregisseurin Leni Riefenstahl und ihr »Führer« bei Dreharbeiten zu dem Propaganda-Opus »Triumph des Willens« während des Reichsparteitages in Nürnberg 1934.

Tatsächlich waren die eindeutig propagandistischen Spielfilme nationalsozialistischer Couleur bis 1939 eine verschwindende Minderheit in der gesamten deutschen Filmproduktion geblieben, denen überdies in fast allen Fällen der Publikumserfolg vorenthalten blieb. Eine Ausnahme waren die Filme Leni Riefenstahls. Ihre eindringlichen ›Dokumentationen‹ des Nürnberger Reichsparteitags von 1934, *Triumph des Willens*, und der Olympiade von 1936, *Fest der Völker* und *Fest der Schönheit*, waren sowohl in ästhetischer als auch in ideologischer Hinsicht machtvolle Manifestationen der nationalsozialistischen Weltanschauung. Der *Völkische Beobachter* schrieb nach der Premiere von *Triumph des Willens:* »Mit diesem von Leni Riefenstahl [...] geschaffenen Werk haben wir den Standardfilm der nationalsozialistischen Bewegung. Die Seele des Nationalsozialismus wird in diesem Film lebendig!«[49] Doch ausgerechnet Riefenstahls (Mach-)Werke kamen gegen den erklärten Willen des Propagandaministers zustande, protegiert durch Hitler selbst.

Nun aber tat des Führers Warnschuß vom 11. Dezember 1939 seine Wirkung. Goebbels förderte engagiert Hetzfilme, deren unbändige Aggression verschiedene Feindbilder aufbaute. Besonders häufig waren die Juden solchen Angriffen ausgesetzt, etwa in *Die Rothschilds* oder *Der ewige Jude*, aber auch die Engländer waren bevorzugte Ziele dieser Propagandastreifen, zum Beispiel in *Carl Peters* oder *Ohm Krüger.* Selbst die Euthanasie lieferte Filmstoff; zwei Jahre nachdem Hitler das Startsignal für die ›Vernichtung lebensunwerten Lebens‹ gegeben hatte, im August 1941, fand die Premiere von Wolfgang Liebeneiners Film *Ich klage an* statt. Goebbels schwärmte in seinem Tagebuch: »Großartig gemacht und ganz nationalsozialistisch. Für die Euthanasie. Ein richtiger Diskussionsfilm.«[50]

Der Höhepunkt dieser Welle rassistischer Hetzfilme war

die nationalsozialistische Adaption eines Stoffes, aus dem Lion Feuchtwanger im Jahre 1925 Weltliteratur gemacht hatte: *Jud Süß*, die Lebensgeschichte des württembergischen Finanziers Joseph Süß Oppenheimer, der Mitte des 18. Jahrhunderts unter dem Vorwand der ›Rassenschande‹ hingerichtet wurde.

Im September 1940 stellte Regisseur Veit Harlan seinen antisemitischen Streifen der deutschen Öffentlichkeit vor, und Goebbels hatte endlich allen Grund zur Freude. Von der historischen Wahrheit blieben in diesem Film zwar kaum mehr als ein paar Namen, jedoch wartete Harlan hier mit einer demagogischen Meisterleistung auf. Die Botschaft war einfach und unmißverständlich: »Hände weg, Jude, von einer deutschen Frau.« Raffiniert foltert und betrügt der perfide Joseph Süß Oppenheimer in diesem Film mit dem einen Ziel, eine brave, blonde ›Arierfrau‹ zu schänden. Diese geht nach erfolgter Tat ›entehrt‹ ins Wasser, doch die württembergischen Bürger werden des ›Schuftes‹ habhaft und führen ihn der ›verdienten‹ Strafe zu.

Der Film wurde ein voller Erfolg. Bei Herstellungskosten von gut zwei Millionen Reichsmark spielte er in den ersten 18 Monaten mehr als sechs Millionen Reichsmark ein. In Gegenden, in denen Deportationen von Juden anstanden, wurden auf Befehl Himmlers preisreduzierte Sondervorführungen arrangiert.

Goebbels gelang es also rasch, den deutschen Film nach nationalsozialistischen Organisationsprinzipien auszurichten. Was jedoch die Schaffung einer genuin faschistischen ›Filmkunst‹ angeht, so blieb ihm der Erfolg weitgehend versagt. Während die direkte Propaganda (Wochenschau) in das Vorprogramm verbannt wurde, war die ungleich subtilere Methode der Unterhaltungspropaganda allgegenwärtig. In welch geringem Maße Unterhaltungsfilme als Träger versteckter Propaganda wahrnehmbar sind, erweist sich auch an der Tatsache, daß heutzutage kaum eine Woche vergeht, in der nicht mindestens einer der insgesamt rund 1100 Spielfilme aus nationalsozialistischer Produktion im deutschen Fernsehen gezeigt wird. Goebbels Traum von der Filmgroßmacht Deutschland, wie er ihn in seinem Tagebuch am 19. Mai 1942 umriß – »Wir müssen zur absolut dominierenden Filmmacht auf dem europäischen Kontinent werden. Soweit noch in anderen Staaten Filme produziert werden, dürfen sie nur lokalen oder begrenzten Charakter haben« [51] – war hingegen eine unerfüllbare Vision nationalsozialistischen Größenwahns.

Der eine schreit Hü, der andere Hott – die Presse

> »Sicher wird auch in kommender Zeit der Jude in seinen Zeitungen ein gewaltiges Geschrei erheben, wenn sich erst einmal die Hand auf sein Lieblingsnest legt, dem Presseunfug ein Ende macht, auch dieses Erziehungsmittel in den Dienst des Staates stellt und nicht mehr in der Hand von Volksfremden und Volksfeinden beläßt.«
>
> *Adolf Hitler,* Mein Kampf, *1925.*

Im Vergleich zu Radio und Film war die Presse Anfang der dreißiger Jahre schon ein altes Medium. An ihre Aufgabe knüpften sich feste Erwartungen, unter denen die Unterhaltung kaum eine Rolle spielte. Vielmehr standen Zeitungen für Informationsvermittlung; der Käufer und Abonnent erwartete Nachrichten aus Tagesgeschehen, Politik, Wirtschaft, Sport und Kultur.

Die Presse zu kontrollieren und weltanschaulich einzufärben, war ein erklärtes Ziel der Nationalsozialisten, dessen

Realisierung allerdings mit zahlreichen gravierenden Problemen verbunden war. Bezeichnend für das Umfeld von Fernsehen im Dritten Reich ist die Tatsache, daß die nationalsozialistische Medienpolitik bei der Presse andere Maßstäbe anlegte, Verfahren entwickelte und Ergebnisse zeitigte als bei Radio und Film. Außerdem ist ein weiterer Faktor zu beachten: Seinerzeit war noch keineswegs geklärt, welche Inhalte das Fernsehen transportieren sollte. Statt eines Unterhaltungsmediums hätte aus dem neuen Kommunikationsträger auch ein Informations- oder Nachrichtenmedium werden können. Daß dies nicht geschah, hat möglicherweise auch in den negativen Erfahrungen der Nationalsozialisten mit der Presse(lenkung) seinen Grund.

Die Geschichte der Printmedien in Deutschland reicht zurück bis ins frühe 16. Jahrhundert: Schon im Jahre 1502 wurde die erste deutsche Zeitung (nach dem angelsächsischen Wort ›tidung‹ = Nachricht, Ereignis) veröffentlicht. Aufgrund ihres hohen Verbreitungsgrades waren Zeitungen der unumstritten bedeutendste Kommunikationsträger bis in die dreißiger Jahre dieses Jahrhunderts.

Die Presse zu kontrollieren und zu reglementieren, war daher stets ein Ziel, auf das sich die Bemühungen der jeweils Regierenden richteten. Zwar war seit 1918 die Meinungs- und Pressefreiheit in der Weimarer Verfassung verankert (§ 81), doch die Geschichte der Pressepolitik in der Weimarer Republik ist zugleich eine Geschichte der Versuche, diese Pressefreiheit einzuschränken. Beispielhaft genannt seien das »Gesetz zum Schutz der Republik« von 1922, erstmals angewandt gegen den *Völkischen Beobachter* 1923, und der ›Diktaturparagraph‹ (seit 1931 Artikel 48 der Verfassung).

Anfang 1933 gab es in Deutschland nicht weniger als 3400 Zeitungen. Jedoch waren die Auflagen nach heutigen Maßstäben mehrheitlich verschwindend gering. So blieben beispielsweise drei Viertel der bayerischen Zeitungen unter einer Auflage von 3000 Exemplaren. Selbst die renommierte *Frankfurter Zeitung* überstieg nur knapp die 50000er Auflagengrenze.

Die Presselandschaft war zersplittert, und die chronisch desolate Wirtschaftslage vieler Blätter bedingte eine weitverbreitete publizistische Leistungsschwäche. Gerade die vielen Regional- und Heimatzeitungen, die es in beinahe jeder größeren Landgemeinde gab, waren mehrheitlich dezidiert einer Partei verpflichtet. Die politischen Meldungen auf Seite 1 und 2 kamen meist von sogenannten ›Materndiensten‹ (ein Geschäft, mit dem Hugenberg sein deutschnationales Presseimperium aufgebaut hatte) und wurden häufig unbearbeitet abgedruckt, soweit sie den weltanschaulichen Vorstellungen des Verlegers genehm waren. Der Rest wurde dann nicht selten mit billig angekauften Fortsetzungsromanen sowie nur für den Eingeweihten interessanten regionalen Notizen und Nachrichten ›angefüttert‹, verfaßt von (billigen) freien Mitarbeitern in ungelenkem Stil, oder sogar aus den Blättern der umliegenden Gemeinden abgeschrieben.

Von Anfang an waren die braunen Machthaber sehr daran interessiert, gerade die Printmedien unter ihre Kontrolle zu zwingen. Hatte Hitler doch schon in *Mein Kampf* auf ihre Schlüsselstellung hingewiesen:

»Man pflegt gerade in Journalistenkreisen die Presse gerne als eine ›Großmacht‹ im Staate zu bezeichnen. Tatsächlich ist ihre Bedeutung denn auch eine wahrhaft ungeheuerliche. Sie kann überhaupt gar nicht überschätzt werden: bewirkt sie doch wirklich die Fortsetzung der Erziehung im späteren Alter.« [52]

Erste einschneidende Veränderungen, begründet durch die ›Verordnung zum Schutz von Volk und Staat‹ (28. Februar 1933), mit der unter anderem die Meinungs- und Pressefreiheit außer Kraft gesetzt wurde, gingen vom ›Reichspressechef‹ der NSDAP, Otto Dietrich[53], und dem ›Reichsleiter für die Presse‹ der NSDAP, Max Amann[54], aus. Diese Eingriffe mit dem Ziel der Gleichschaltung wurden ab März 1933 unter Goebbels' Führung fortgesetzt. Am 15. März, also zwei Tage nach seinem Amtsantritt als Reichsminister für Volksaufklärung und Propaganda, schrieb er in sein Tagebuch: »Ich spreche zum ersten Male vor der Pressekonferenz. [...] Auch hier muß gründlich aufgeräumt werden. Viele von denen, die hier sitzen, sind dazu gänzlich ungeeignet. Ich werde sie sehr bald ausmerzen.«[55]

Einen willkommenen Anlaß dafür bot der Reichstagsbrand am 27. Februar 1933, auf den das pauschale Verbot der kommunistischen und sozialdemokratischen Zeitungen folgte. Die oft gut ausgestatteten Verlagshäuser der sogenannten ›marxistischen Presse‹ fielen aufgrund gezielter Besetzungsaktionen lokaler SA-Trupps zumeist direkt in die Hand der NSDAP.

Nach der Gründung der ›Reichspressekammer‹ als Teil der ›Reichskulturkammer‹ (analog zu Radio und Film) war der wichtigste Schritt in Richtung eines totalitären Pressesystems das ›Schriftleitergesetz‹ vom 4. Oktober 1933. Darin wurde unter anderem festgelegt:

– daß die Journalisten bei der Ausübung ihrer öffentlichen Aufgabe durch den Staat kontrolliert werden (§ 1). Ziel war die Ausschaltung der Verleger in ihrem Einfluß auf die Presse.

– daß ihre Tätigkeit an ein Zulassungsverfahren gebunden ist (§ 5). Vorausgesetzt wurden die deutsche Staatsangehörigkeit, der Besitz der bürgerlichen Ehrenrechte, ›arische Abstammung‹, Geschäftsfähigkeit (Mindestalter 21) und eine berufsspezifische Ausbildung.

– daß sie in einer sogenannten ›Berufsliste‹ eingetragen sein müssen (§ 8). Über Eintragungen entschied der Verbandsleiter; Goebbels hatte ein direktes Vetorecht.

Als besonders wirksames Einschüchterungsmittel erwies sich die Einrichtung von Berufsgerichten (§ 28). Deren Angehörige wurden vom Reichspropagandaministerium eingesetzt. Außerdem wurden die Schriftleiter auf den NS-Staat verpflichtet (§ 14).

Bei Verstößen gegen die geltenden Pressevorschriften stand ein fein abgestuftes Sanktionsinstrumentarium von der Ordnungsstrafe bis zur Streichung aus der Berufsliste zur Verfügung. Aufgrund des Schriftleitergesetzes mußten von den damals rund 10300 Journalisten etwa 1300 ihren Beruf aufgeben.

Eine weitere tiefgreifende Einschränkung der Pressefreiheit erfolgte durch die sogenannten ›Amann-Anordnungen‹ im April 1935. Reichspresseleiter Max Amann verbot den Verlagen, mehr als eine Zeitung herauszugeben, und schloß viele unliebsame Verleger aus der Kammer aus. Es handelte sich dabei um die Liquidation ganzer Sektoren der deutschen Zeitungslandschaft, wobei Amann die Schlagworte ›ungesunder Wettbewerb‹ und ›Beseitigung der Skandalpresse‹ als Rechtfertigung für sein Vorgehen strapazierte. Nach dem Kahlschlag kaufte er verdeckt und billig unter Federführung von Max Winkler einen NS-Pressetrust zusammen, den er als Direktor des NSDAP-Zentralverlags Eher auch selbst verwaltete. 1944 gab es in Deutschland noch 625 Zeitungen, die sich in Privatbesitz befanden; 352 befanden sich im Besitz des Eher-Verlages. Diese 352 Zeitungen stellten über 80 Prozent der Gesamtauflage aller Zeitungen.

Das Schwergewicht der Presselenkung lag indes bei den täglichen Pressekonferenzen unter der Regie des Propagandaministeriums. Um 11 Uhr fand stets die Ministerkonferenz statt, in der die allgemeine Marschroute bis hin zu Detailauskünften festgelegt wurde, worauf um 12.15 Uhr die Pressekonferenz mit Reichspressesprecher Dietrichs folgte. Außerdem gab es zu brisanten Themen eigens angesetzte Zusammenkünfte, auf denen die Journalisten detaillierte Anweisungen erhielten, was sie zu berichten hätten. Die Auslands- und Zeitschriftenpresse wurde getrennt instruiert.

Als Idealzustand schwebte Goebbels vor, »daß die Presse so fein organisiert ist, daß sie in der Hand der Regierung sozusagen ein Klavier ist, auf dem die Regierung spielen kann.«[56] Der Propagandaminister griff selbst kräftig in die Tasten: »Thomas Mann soll ausgelöscht werden aus dem Gedächtnis der Deutschen. [...] Mit sofortiger Wirkung hat eine großzügige Propagandakampagne gegen die katholische Kirche einzusetzen [...] Es muß bei jeder Sache festgestellt werden, die Juden sind schuld!«[57]

Vorrangige Intention dieser Konferenzen war die Vermittlung der sogenannten ›Sprachregelungen‹, der Weisungen für politisch relevante Themen, die nicht selten bis zur erwünschten Plazierung und graphischen Gestaltung derselben reichten. Insgesamt sollen es mehr als 75000 solcher Anweisungen gewesen sein, die im Laufe der Jahre auf diese Weise erteilt wurden.

Breiten Raum nahmen auch Lob und Tadel für einzelne Journalisten ein, wobei Goebbels mit Zuckerbrot und Peitsche (»Kritik ist nur denen erlaubt, die sich nicht fürchten, ins KZ zu kommen«[58]) verschwenderisch umging.

Die durch Amanns Übernahmepolitik ausgedünnte und durch Goebbels Gängelung verödete Presselandschaft verlor jedoch immer mehr die Glaubwürdigkeit vor ihren Lesern und dann diese Leser selbst. Sogar Hitler lamentierte: »Es macht keine Freude, fünfzehn Zeitungen zu lesen, die alle miteinander fast denselben Wortlaut haben.«[59] Goebbels versicherte daraufhin eilends, er wolle die Presse zwar »monoform im Willen, aber polyform in der Ausgestaltung dieses Willens«[60]; doch weder das Zeitungssterben noch der Trend zu immer mehr Eintönigkeit ließen sich zu diesem Zeitpunkt aufhalten.

Allein der Versuch von Max Amanns Stabsleiter Rolf Rienhardt (geb. 1903), 1940 mit der Wochenzeitung *Das Reich*, einem vorgeblich bürgerlichen Intelligenzblatt, die Presselandschaft zu beleben und vor allem auch im Ausland Beachtung zu finden, war anfangs erfolgreich. Goebbels persönlich verfaßte die Leitartikel. Das Impressum des Blattes liest sich wie ein ›Who is who‹ der deutschen Publizistik: Es war beinahe die einzige Möglichkeit für Spitzenjournalisten, ›an der langen Leine‹ und in gepflegtem Stil zu schreiben. Doch später unterlag auch *Das Reich* zunehmend der Lenkung.

Der Propagandaminister hatte also allen Grund zur Unzufriedenheit. Erschwerend kam hinzu, daß er ganz im Gegensatz zu Radio und Film, seinen ureigenen Domänen, beim Zeitungswesen die ihm unerträgliche Einmischung vieler kompetenzhungriger Rivalen dulden mußte. Vor allem waren dies Amann und dessen Stabsleiter Rienhardt, aber auch Rosenberg, Ribbentrop[61], Ley[62], Rust[63] und das Militär. Goebbels beklagte sich: »Vor allem versucht jeder, seine eigene Pressepolitik zu machen und die des anderen zu verhindern oder doch zu beeinträchtigen. Auf dem Karren der deutschen Presse sitzen also viele Kutscher, von denen der eine Hü, der andere Hott schreit, und sie alle schlagen auf den bedauernswerten Gaul ein.«[64]

Den größten Ärger aber hatte der Minister im eigenen Haus. Otto Dietrich entwickelte sich nämlich mehr und mehr zum Goebbels-Gegner. Dazu der Propagandaminister: »In der Presse geht alles schief, weil mir ein Hansnarr

[...] von Reichspressechef mit [...] instinktlosen Einfällen alles versauen darf.«[65] Die sogenannten ›kriegsbedingten Stillegungen‹ im Verein mit der empfindlichen Reduzierung des männlichen Redaktionspersonals und der immer rigideren Papierrationierung bildeten eine letzte Eskalationsstufe der nationalsozialistischen Pressekrise in der Zeit nach 1939.

Unterhaltung und Indoktrination

Die Kontrolle der Medien zur Zeit des deutschen Nationalsozialismus war total und rigide. Gleichschaltung und Führerprinzip waren die fundamentalen Organisationsprinzipien. An der Spitze des zentralisierten Kontrollsystems stand die Person des Reichsministers für Volksaufklärung und Propaganda, Joseph Goebbels. Dieser konnte sich auf den Gebieten Hörfunk und Film zum unumstrittenen Herrscher aufschwingen. Bei den Printmedien hingegen erwuchsen ihm aus den Reihen der eigenen Partei mehrere Konkurrenten, die eine stringente und in seinem Sinne erfolgreiche Pressepolitik unmöglich machten.

Auf der institutionellen Ebene war es die dem Reichspropagandaministerium nachgeordnete Reichskulturkammer mit ihren Unterabteilungen Rundfunk-, Film- und Pressekammer (bezeichnend hier die ständische Organisation mit Zwangsmitgliedschaft), die für die Gleichschaltung und die Realisierung des Führerprinzips bei den Kommunikationsträgern steht. Der restriktive juristische Rahmen (Verordnung über außerordentliche Rundfunkmaßnahmen, Reichslichtspielgesetz, Schriftleitergesetz etc.) und vor allem die vielfältigen direkten Eingriffsmöglichkeiten des Goebbelsschen Propagandaministeriums waren weitere prägende Charakteristika.

Geschickte und wirksame Eingriffe gab es auch auf der ökonomischen Ebene: So kam es zum (größtenteils erzwungenen) Aufkauf von Kapitalanteilen an unliebsamen Verlagen, die anschließend in das Eigentum der Partei überführt oder geschlossen wurden. Den Ländern wurden ihre Anteile an den regionalen Rundfunkgesellschaften entzogen, das Reich damit alleiniger Eigner der Rundfunkgesellschaften, und auch der Film wurde schleichend verstaatlicht.

Auf der inhaltlichen Ebene machte sich vor allem die Regie des Propagandaministeriums bemerkbar. In täglichen Konferenzen wurden die Hörfunk- und Zeitungsjournalisten angewiesen, in welcher Färbung und selbst in welchen Worten sie über aktuelle Themen zu berichten hatten. Analoge Weisungsbefugnisse hatte Goebbels auch bei Film und Wochenschau.

Für das Erscheinungsbild des Fernsehens im Dritten Reich sollte sich neben den zahlreichen ordnungspolitischen Parallelen vor allem die bei Radio und Film exzessiv zum Einsatz gebrachte Unterhaltungspropaganda als bestimmend erweisen. Goebbels bevorzugte diese Methode zur Vermittlung seiner weltanschaulichen Botschaften, weil dabei die Manipulation seiner Überzeugung nach weniger offensichtlich und damit wirksamer war.

Die technische Entwicklung

Wie bereits dargestellt, gab es Anfang der dreißiger Jahre noch keine annehmbare Lösung für ein »künstlerisch zu verantwortendes, die Ansprüche des Publikums dauernd befriedigendes Fernsehprogramm«. Damit waren der Realisierung des Fernsehens als öffentlich verfügbarem Kommunikationsträger enge Grenzen gesetzt, die erst dessen technische Vervollkommnung hat sprengen können. Eine Aufgabe, der sich bereits vor 1933 die deutsche Fernsehindustrie und die Reichspost dezidiert verschrieben hatten.

Für das nationalsozialistische Deutschland lassen sich grundsätzlich zwei von ihren Prämissen her konträre Perioden der Fernsehforschung unterscheiden. Die Vorkriegsjahre waren geprägt von dem Bestreben, das Fernsehen technisch möglichst bald soweit zu entwickeln, daß es sich analog zum Radio als Massenkommunikationsträger entfalten konnte.

In den Jahren des Zweiten Weltkrieges hingegen war die militärische Instrumentalisierung der Fernsehtechnik nahezu ausschließlicher Leitgedanke. Im folgenden werden beide Zeitabschnitte untersucht und besonders im Hinblick darauf betrachtet, welche grundlegenden Prägungen die technische Entwicklung des Fernsehens durch die nationalsozialistischen Machthaber erfahren hat.

Kleine Schritte, große Pläne – ziviles Fernsehen

»Schämen sollen sich die Menschen, die gedankenlos sich der Wunder der Wissenschaft und Technik bedienen und nicht mehr davon geistig erfaßt haben als die Kuh von der Botanik der Pflanzen, die sie mit Wohlbehagen frißt.«

Albert Einstein am 22. August 1930 zur Eröffnung der Berliner Funkausstellung

Die Zeit der spektakulären technischen Innovationen auf dem Gebiet des Fernsehens war bereits vorbei, als die Nationalsozialisten am 30. Januar 1933 die Macht in Deutschland übernahmen. Das mechanisch-optische Übertragungsverfahren war relativ ausgereift, und die Grundsteine für eine weitere Entwicklung der vollelektronischen Kamera waren gelegt.

Immer bedeutender wurde seit Anfang der dreißiger Jahre die alljährlich im Sommer stattfindende Berliner Funkausstellung. Zuerst eine Leistungsschau konkurrierender Industrieunternehmen, entwickelte sie sich im nationalsozialistischen Staat mehr und mehr zu einer Angelegenheit des nationalen Prestiges. Gegen Weihnachten wurden die neuen Projekte in den Laboratorien für die nächste Ausstellung festgeschrieben, das kommende halbe Jahr unter strengster Geheimhaltung fieberhaft an deren Realisierung gearbeitet und im August dann stolz das Ergebnis einer internationalen Öffentlichkeit präsentiert.

Dieser Produktionsrhythmus hatte zudem ökonomische Gründe. Die Reichspost war nämlich die einzige Stelle, die damals in nennenswertem Umfang von der Industrie Geräte erwarb. Ihre Aufträge für die Fertigung bestimmter Fernsehanlagen waren terminlich meist an die Zeit kurz vor den Funkausstellungen gebunden, da stets beabsichtigt war, diese dort einem größeren Publikum vorzuführen. So ist die Geschichte der Fernsehtechnik im Dritten Reich zu einem nicht geringen Teil die der Berliner Funkausstellungen.

Was damals das Publikum zu den Fernsehständen auf den Funkausstellungen zog, veranschaulicht ein Bericht des Ministerialrats im Reichspostministerium und zeitweiligen Leiters der Reichspost-Forschungsanstalt, Friedrich Gladenbeck, von 1938:

»Schließlich kann die Technik tun und lassen was sie will, um den Fernsehrundfunkteilnehmer zu erschwinglichem Preise einen schön polierten Fernsehempfänger mit sinnvoll erklügeltem, technischem Eingeweide zu bieten – der Teilnehmer fragt nach all dem nicht[...]. Auf diesem Gebiet konnte man interessante Betrachtungen bei der letzten Berliner Rundfunkausstellung machen. Hier sammelten sich die Scharen der Zuschauer nicht immer vor den technisch wertvollsten Geräten, sondern der Bildinhalt war es, der die Massen anlockte. Und wenn ein Empfänger zeigte, wie Heinz Rühmann als Mustergatte hinter den Stuhlbeinen lauernd mit einer Gabel Jagd auf einen Hummer machte, dann lockte das den Beschauer an, fast unabhängig von der technischen Güte.«[66]

Bereits auf der Ausstellung des Jahres 1933 veranstaltete die Fernsehindustrie eine Fernsehsonderschau. Dort wurden vom Reichspost-Zentralamt und von fast allen Fernsehfirmen mechanisch-optische Bildzerleger mit 180 Zeilen gezeigt, die bei einer Auflösung von 40000 Bildpunkten und 25 Bildwechseln pro Sekunde eine überraschend gute Qualität lieferten, was insbesondere daran lag, daß hier erstmals vollelektronische Empfänger mit Vakuumkathodenstrahlröhren der Firma Loewe verwendet wurden.

Das Prinzip der Nipkow-Scheibe war durch ausgeklügelte Spiegelkranz- und Linsenkranzgeräte verfeinert worden. Nun übernahmen es die schnell bewegten Spiegel oder Linsen, das Bild zeilenweise zu zerlegen, wobei sie je nach Konstruktionsart eine zum Teil wesentlich höhere Lichtausbeute erzielten. Wenn die Nipkow-Scheibe jetzt eingesetzt wurde, dann rotierte sie mit rund 6000 Umdrehungen pro Minute im Vakuum, wie etwa bei dem Abtaster, den die Fernseh AG für den Versuchsbetrieb der Reichspost konstruiert hatte. Die Braunsche Röhre hatte sich zu diesem Zeitpunkt als Bildschreiber bereits allgemein durchgesetzt.

Wie sehr sich schon im Sommer 1933 der Einfluß der neuen Machthaber sogar im Bereich der Technik bemerkbar machte, illustriert ein Bericht Walter Bruchs von der ersten Berliner Funkausstellung im nationalsozialistischen Deutschland:

»Vor dem Hitlerbesuch wurden alle Stände gründlich ›arisiert‹. Nach Einspruch von Eugen Hadamovsky blieb ich auf dem v. Mihályschen Stand allein zurück (weil ›blond‹ und von ›deutschem‹ Aussehen!). Am Nebenstand, bei Loewe, durfte Kurt Schlesinger, einer der begabtesten Fernseh-Ingenieure der damaligen Zeit [...], sich nicht mehr frei sehen lassen. Auch unser eigener, selbst aufgenommener Film, der Charakterköpfe meiner ungarischen Kollegen zeigte, mußte als nicht genügend ›deutsch‹ zurückgezogen werden. [...] Die ganze Zeit über mußten wir privaten Aussteller ein Programm aus dem Funkhaus übernehmen, eine endlose Filmschleife, die sich alle drei Minuten wiederholte; sie war pausenlos vorzuführen. Inhalt: Adolf Hitler tritt [...] auf die Tribüne und sagt unter anderem: ›Eine große Zeit ist angebrochen.‹« [67]

Auch ein weiterer Vorfall soll in diesem Zusammenhang nicht unterschlagen werden. Ingenieur Hudec hatte in den vorangegangenen Jahren beim Reichspost-Zentralamt die Braunsche Röhre dahingehend modifiziert, daß die Elektronen im abgeknickten Röhrenhals durch einen Magneten umgelenkt wurden. Es handelte sich dabei um den Versuch, das sogenannte ›Ionenkreuz‹ auf dem Bildschirm zu vermeiden. Dieses mit einer Schwächung der Bildschirm-Leuchtkraft verbundene Phänomen trat auf, weil die schweren ionisierten Gasteilchen nicht im selben Maße durch die Magnetplattenpaare einer Braunschen Röhre beeinflußt wurden wie die leichten Elektronen. Hudecs Kniff bestand nun darin, den Röhrenhals abzuknicken, wodurch die trägen Ionen der Biegung nicht folgen konnten, jedoch die Elektronen zum Leuchtschirm abgelenkt wurden. Diese Technik kam später für lange Zeit unter dem Namen ›Ionenfalle‹ in fast allen Fernsehröhren zum Einsatz.

»Auf der Funkausstellung 1933 war Hudecs Röhre in einer Koje unmittelbar hinter dem Eingang zum stark verdunkelten Fernseh-Vorführraum aufgestellt. Kurz bevor Adolf Hitler ihn betreten wollte, gab es einen Knall, und die glastechnisch schwierige Knickröhre ex- oder implodierte. Große Unruhe bei den Begleitern und strenge Untersuchung! Hudec haben wir auf den Ausstellungen nicht mehr gesehen!«[68]

Dieses Ereignis ist das einzige, das auf eine persönliche Erfahrung des Reichskanzlers mit der Fernsehtechnik hindeutet. Gleichwohl ist ungeklärt, ob es Hitler überhaupt zur Kenntnis gelangte.

Seit dem 1. April 1934 unterhielt die Deutsche Reichspost (später gemeinsam mit der Reichsrundfunkgesellschaft) einen regelmäßigen UKW-Fernsehversuchsbetrieb über den Berliner Sender Witzleben. Er diente vor allem der Reichspost sowie der Industrie für Forschungszwecke und dauerte nur knapp ein Jahr. Am Ende dieser Erprobungsphase wurde der Versuchsbetrieb durch den regelmäßigen Programmdienst des ›Fernsehsenders Paul Nipkow – Berlin‹ abgelöst.

Zwei Monate nachdem am 22. März 1935 der Fernsehsender in Betrieb genommen worden war, gab es in Berlin gerade einmal rund fünfzig Empfangsgeräte. Es handelte sich dabei ausschließlich um Einzelstücke, denn eine Serienproduktion war unter anderem wegen der bislang unzureichenden Bildqualität und des ständigen Wechsels der Fernsehnorm nicht zustande gekommen.

Die Reichspost als deutsche Fernmeldehoheits-Behörde hatte diese bis dato kontinuierlich erhöht. Zunächst von 30 Zeilen im Jahre 1929, als das Raster von 1200 Bildpunkten 12,5mal in der Sekunde übertragen wurde, auf 48 Zeilen im Jahre 1931, wobei auch die Bildwechselfrequenz in Anlehnung an den Kinofilm auf 25 pro Sekunde erhöht wurde. 1932 betrug die Zeilenzahl 90, und 1934 wurde sie nochmals auf 180 erhöht. Am 15. Juli 1937 wurde schließlich die als endgültig geplante Norm von 441 Zeilen festgelegt.[69] Dabei wurden 50 Halbraster pro Sekunde nach dem ›Zeilensprung-Verfahren‹ übertragen, was der noch heute üblichen Bildwechselfrequenz entspricht.

Auf der Funkausstellung im August 1935 waren neben der Reichspost und der Reichsrundfunkgesellschaft sowie den großen Konzernen Telefunken, der Fernseh AG, Loewe und Lorenz (dem deutschen Ableger der niederländischen Firma Philips) auch kleinere Unternehmen wie die Hamburger Firma C. H. F. Müller und die Nürnberger TeKaDe mit eigenen Ständen vertreten. Insgesamt wurden zwanzig verschiedene Empfängertypen ausgestellt, von denen nur noch zwei mit der optisch-mechanischen Bildzerlegung via Nipkow-Scheibe arbeiteten.

Am 19. August zerstörte ein Großbrand den Holzbau der Ausstellungshalle IV mitsamt fast allen dort ausgestellten Fernsehgeräten sowie den dort installierten Sendeanlagen (darunter auch die beiden UKW-Fernsehsender der Reichspost), was die deutsche Fernsehtechnik in ihrer Entwicklung empfindlich zurückwarf.

Ende 1934 war schon offenbar geworden, daß die deutsche Forschung im Bereich der elektronischen Kameras deutlich

Während des Besuchs der Funkausstellung in Berlin im August 1935 sieht sich Goebbels zum ersten Mal auf dem Fernsehschirm.

anderen Ländern hinterherhinkte. Insbesondere in den USA waren auf diesem Gebiet bemerkenswerte Fortschritte gemacht worden. Wladimir K. Zworykin und Philo T. Farnsworth hatten unabhängig voneinander den Leuchtschirmabtaster derart weiterentwickelt, daß er in Form des sogenannten ›Ikonoskops‹ durch Speicherung des Lichteffekts in den Bildelementen eine Art photoelektrische Nachbildung der menschlichen Netzhaut darstellte. Der Leiter der Forschungsabteilung bei Telefunken, Fritz Schröter, tauschte nun Anfang 1935 beim amerikanischen Konzern RCA deutsche Leuchtstoffe gegen ein Zworykin-Ikonoskop ein, während die Fernseh AG zur gleichen Zeit begann, mit dem Farnsworthschen ›Sondenrohr‹ zu arbeiten. Schröter berichtet:

»Urtels [Rudolf Urtel, Fernsehingenieur bei Telefunken; H.Z.] Labor brachte die Röhre bald in Betrieb; Dr. Knoblauch lernte sie nachzubauen, und schon im Sommer 1935 konnten wir der Reichspost mit dem Ikonoskop übertragene Bilder vorführen. Trotzdem – wir hatten eine Niederlage hinnehmen müssen. Um sie auszuwetzen, gingen wir energisch an die Aufgabe der Verzehnfachung der Lichtempfindlichkeit des Ikonoskops in Form des Superikonoskops heran.« [70]

Diese Äußerung belegt, wie die technische Entwicklung des Fernsehens damals sogar in Kreisen der Industrie und Forschung von nationalem Prestigedenken durchdrungen war. Zuweilen trieb der deutsche Wahn seltsame Blüten: Das Ikonoskop (eingedeutscht: ›Bildfängerröhre‹), ausschlaggebend für die erfolgreiche Übertragung der Olympischen Spiele von Berlin, durfte auf der Funkausstellung von 1936 nicht gezeigt werden, weil es sich um ein Erzeugnis ausländischen Ursprungs handelte.

Technisch beeinflußten die ersten Live-Sendungen ohne Verwendung des Zwischenfilmverfahrens aus dem Olympiastadion die Entwicklung des Mediums stark: »Das Ikonoskop wurde täglich gewechselt, nicht etwa infolge von Abnutzung, sondern um es immer weiter zu verbessern. Am Ende der olympischen Wochen war die kurz zuvor einmalige und modernste Fernsehanlage schon so veraltet, daß sie uns kaum mehr interessierte. Unsere Olympische Fernsehkanone war museumsreif.« [71]

Auch bei der Bildröhre machte man Mitte der dreißiger Jahre Fortschritte; immer höhere Betriebsspannungen, immer feinere Auflösungen und immer größere Mattscheiben wurden entwickelt.

Bereits im Sommer 1933 hatte die Fernseh AG einen ersten Großbildprojektor für Fernsehsendungen gebaut. Das technische Prinzip basierte auf dem Zwischenfilmverfahren. Eine Endlosfilmschleife wurde mit Fernsehbildern belichtet, anschließend entwickelt und nach gut einer Minute auf eine Leinwand projiziert. In einem weiteren Arbeitsschritt wurde die Bildschicht abgewaschen und eine neue Emulsion aufgetragen. Weil sich diese beim Betrieb jedoch chemisch veränderte, ging man trotz der höheren Kosten ab 1934 dazu über, mit nur einmal zu benutzendem Fertigfilm zu arbeiten. Bei beiden Verfahren mußte wegen der zeitlichen Verzögerung der zugehörige Ton auf einem Endlosstahlband magnetisch gespeichert werden. Auf der Funkausstellung von 1936 wurden von Telefunken und der Fernseh AG die ersten elektronischen Großbildprojektoren gezeigt. Ihr Kernstück war eine Braunsche Röhre, die durch spezielle Fluoreszenzmaterialien und per Hochspannung beschleunigtem Elektronenfluß ein weitaus helleres Bild lieferten als die sonst üblichen Aufsichtröhren. 1938 war diese Technik soweit gereift, daß man damit ein Bild von 3 x 4 Metern projizieren konnte.

Zur Olympiade wurden in einem Fernsehtheater Leuchtschirmprojektionen auf einer Fläche von 1 x 1,2 Metern gezeigt. Die Gigantomanie dieser Jahre verlangte nach immer neuen Ausdrucksformen. So sollte die Fernsehtechnik dazu herhalten, die nationalsozialistischen Redner bei Großveranstaltungen überlebensgroß auf die Tribüne zu projizieren: »August Karolus schuf es. Der Sprecher wurde auf einer aus Tausenden von Glühlämpchen bestehenden Fläche fast taghell in Großformat wiedergegeben, ausdrucksvoll und lebendig in allen Phasen seiner Ansprache: War das nichts für einen Mann wie Josef [muß heißen: Joseph; H.Z.] Goebbels?«[72]

Karolus und seine Mitarbeiter gingen dabei einen anderen Weg als die Industrie mit ihren Großbildprojektoren. Ihr sogenanntes ›Zellenrasterverfahren‹ arbeitete vereinfachend gesagt folgendermaßen: Das zu übertragende Objekt (der Redner) wurde stark beleuchtet, mit einer Kamera aufgenommen und das entstandene Bild mechanisch in Zellenraster zerlegt, wobei jede Zelle mit einer Glühlampe auf der Projektionsfläche verbunden war. Die jeweilige Lampe leuchtete immer dann, wenn die zugehörige Zelle eine bestimmte Lichtmenge. auffing. Eine erste betriebsfähige Anlage dieser Art stellte Karolus 1935 fertig. Sie arbeitete mit 10000 Glühlämpchen auf einer Fläche von vier Quadratmetern und einer Bildwiederholungsfrequenz von fünfzig pro Sekunde. Seine größte Zellenraster-Tafel stellte Karolus auf der Funkausstellung von 1939 vor: 40000 Glühlämpchen bedeckten eine Fläche von zwanzig Quadratmetern.

Auf der Funkausstellung von 1937 präsentierte die Fernsehindustrie einheitlich Empfangsgeräte mit Bildschirmdurchmessern von 30 bis 50 Zentimetern und 441-Zeilen-Betrieb, was gegenüber der bisher geltenden 180-Zeilen-Norm eine mehr als verdoppelte Auflösung bedeutete. Der Heimempfänger für jedermann schien in greifbare Nähe gerückt.

Auf der Berliner Funkausstellung von 1938 wird erstmals dieser aufklappbare »Heimprojektionsempfänger« gezeigt.

Und tatsächlich erteilte Postminister Ohnesorge am 10. August 1938 der Reichspost-Forschungsanstalt den Auftrag, gemeinsam mit der Funkindustrie ein einfaches, preiswertes und technisch hochwertiges Standardempfangsgerät zu entwickeln. Im November begann eine Arbeitsgemeinschaft aus Vertretern der Forschungsanstalt und fünf Firmen mit der Konzipierung des ›Fernseh-Einheitsempfängers FE 1‹. Für die Besucher der Funkausstellung 1939 war der mit einer ersten Rechteck-Bildröhre ausgestattete Prototyp eine große Attraktion. Es war geplant, zunächst eine Serie von 4600 Exemplaren (diese wurde in der Planung später sogar noch auf 10000 aufgestockt) zum Abgabepreis von 650 Mark zu produzieren. Der Ausbruch des Zweiten Weltkrieges verhinderte jedoch die Realisierung dieser Pläne. Es kann angenommen werden, daß nur wenig mehr als fünfzig Geräte dieses Typs gebaut wurden.

Die Eröffnungsrede dieser letzten Funkausstellung vor Kriegsbeginn hielt Propagandaminister Goebbels. Hörfunk und Fernsehen wurden darin begeistert gelobt, es wurde aber auch schon angedeutet, daß der Rundfunk bald andere als friedliche Aufgaben zu erfüllen haben werde. Der Vortrag wurde auch im Fernsehen übertragen.

Dabei sollte das neue ›Superikonoskop‹ von Telefunken zum Einsatz kommen, das vor allem auf dem Prinzip der Vergrößerung des optischen Bildes vor dessen elektronischer Umwandlung basierte. Dadurch verringerte sich die benötigte Brennweite der Objektive, was mit einer deutlichen Erhöhung der Lichtstärke einherging.

Ein kleiner technischer Defekt konnte jedoch wegen der scharfen Sicherheitsbestimmungen auf dem Ausstellungsgelände nicht mehr behoben werden, und so mußten Bilder einer älteren, weniger empfindlichen Kamera gesendet werden. Goebbels war schon zuvor davon unterrichtet worden, daß er diesmal ohne zusätzliche Beleuchtung reden könnte, und so wurde es abgelehnt, in letzter Minute Zusatzscheinwerfer zu installieren. Die Bildqualität war dementsprechend: »Wegen der unzureichenden Beleuchtung kam Josef [muß heißen: Joseph; H.Z.] Goebbels wieder einmal nicht sehr schön an. Das Bild war voller Rauschen und recht unansehnlich. [...] Nun, wir haben uns geschämt, doch auch darüber sind wir hinweggekommen.«[73] Diese Episode ist der einzige Hinweis darauf, daß der Propagandaminister persönliche Gründe gehabt haben könnte, gegenüber der Leistungsfähigkeit des Fernsehens skeptisch zu sein und deshalb dessen Entwicklung verzögert oder zumindest nicht aktiv gefördert zu haben. Eine interessante, aber gleichwohl gewagte These, die weiter nicht gestützt werden kann.

Es bleibt an dieser Stelle eine Entwicklung nachzutragen, die einen weiteren Aspekt der Fernsehtechnik demonstriert und zugleich den Übergang zur militärischen Nutzung andeutet: die Fernsehgegensprechanlagen. Ihr Betrieb eröffnete einen neuen Bereich der individuellen Telekommunikation, an den bis zur Gegenwart noch nicht erfolgreich angeknüpft werden konnte.

Schon auf der Berliner Funkausstellung von 1929 zeigte die Reichspost erstmals eine Fernsehgegensprechanlage. Als äußerst problematisch erwies sich dabei die Notwendigkeit, die per Nipkow-Scheibe abzutastenden Personen ausreichend zu beleuchten, ohne diese dabei zu blenden. So wurden diese Versuche vorerst aufgegeben. Erst 1934/35, als die Braunsche Röhre für Fernsehzwecke erheblich verbessert worden war, wandte man sich wieder diesem Arbeitsgebiet zu.

Auf der Funkausstellung von 1935 führte die Reichspost zwei vollständige Fernseh-Sprechzellen in Betrieb vor. Zur Abtastung wurden Nipkow-Scheiben verwandt, zur Wiedergabe der 90zeiligen Bilder Braunsche Röhren. Diese Anlage bildete später das Kernstück der ersten Fernseh-Sprechverbindung zwischen Berlin und Leipzig. Dabei war die Zeilenzahl auf 180 erhöht und eine Bildwechselfrequenz von 25 pro Sekunde festgesetzt worden.

1938 entwickelte die Fernseh AG ein ›Fernseh-Sprechgerät‹ für 150 Zeilen bei 50 Bildwechseln pro Sekunde. Mit derselben Norm arbeitete auch eine 1938/39 von Telefunken produzierte Anlage, die die Reichspost der »Nationalspanischen Regierung« zur Verfügung stellte. Mit einiger Verzögerung wurden nach der Einführung der 441-Zeilen-Norm im Juli 1937 auch die Fernseh-Sprechanlagen auf diese umgestellt.

Publikumswirksam wurde die neue Technik mit der Leipziger Frühjahrsmesse Anfang März 1936, als versuchsweise eine Fernsehgegensprechanlage in Betrieb genommen und noch vor Ende des Monats (am 25. März) der Allgemeinheit zum öffentlichen Betrieb übergeben wurde. Sie verband per Breitbandkabel[74] die Messestadt mit der Reichshauptstadt und ermöglichte den Sichtkontakt-Telefonverkehr zwischen beiden. Die ersten Fernseh-Sprechstellen waren in Berlin-Zoo (Hardenberg-, Ecke Kantstraße) und im Berliner Columbus-Haus am Potsdamer Platz sowie im Leipziger Postamt am Augustusplatz und auf dem Messegelände aufgestellt worden.

Wie das Telefonieren per Fernseher zum günstigen Tarif von 3 Reichsmark für ein Dreiminuten-Gespräch plus 50 Pfennige ›Herbeirufgebühr‹ damals vor sich ging, beschreibt Josef Mühlbauer so:

»Man muß in einem weichen Klubsessel Platz nehmen und wird freundlich ermahnt, sich während des Gespräches bitte nicht zu weit vorzubeugen, weil darunter die Tiefenschärfe leiden würde. Dann plötzlich blendet ein greller Lichtstrahl auf, und im selben Augenblick sieht der Fernsprecher das Bild seines Partners oder seiner Partnerin auf dem Bildschirm, ebenfalls mit der Hörmuschel am Ohr und ebenfalls lässig in einen Sessel zurückgelehnt, der Tiefenschärfe wegen.«[75]

Am 12. Juli 1938 eröffnete die Deutsche Reichspost den öffentlichen Sichtfernsprechdienst auf der Strecke Berlin-Leipzig-Nürnberg-München, wobei zwischen allen genannten Städten Fernseh-Telefonverbindungen möglich waren. Im Nürnberger Postamt 2 war bereits zu Beginn des Reichsparteitages der NSDAP von 1937 eine Fernseh-Sprechstelle eingerichtet und in Betrieb genommen worden. In München gab es seit Mai 1937 zwei Sichttelefonanlagen (im Deutschen Museum und im Telegraphenamt am Hauptbahnhof), von denen allerdings bis zur Fertigstellung der Breitband-Fernkabel nur Ortsgespräche geführt werden konnten.

Daneben gab es in Hamburg seit dem 15. Dezember 1938 einen nur dienstlich zu nutzenden Fernseh-Sprechdienst der Reichspost zwischen den Postämtern Jungfernstieg und Altona 1. Selbst nach Fertigstellung des Breitbandkabels zwischen Berlin und Hamburg wurde er nicht mehr der Öffentlichkeit übergeben.

Die nationalsozialistische Führung betonte die karitativen Aspekte einer solchen Anlage, wie zum Beispiel die Tatsache, daß nun auch taubstumme ›Volksgenossen‹ telefonieren könnten. Tatsächlich wird es sich wohl eher um einen staatlich subventionierten Tarnbetrieb auf dem Gebiet der strategisch wichtigen Breitbandfernsprechverbindungen gehandelt haben. Für eine solche Annahme spricht schon eine Äußerung des damaligen Reichspostministers Paul von

Eltz-Rübenach, der bei der feierlichen Eröffnung der Leipziger Fernsehgegensprechanlage am 1. März 1936 sagte: »Diese Fernsehunterhaltung erfordert aus Gründen der Geheimhaltung usw. eine Kabelverbindung zwischen den Sprechstellen«.[76] Die sichere Gewährleistung des Postgeheimnisses für diesen Bereich der Telekommunikation war dabei wohl weniger das Anliegen. Eher ging es um die effiziente Verständigung zwischen höheren Kommandostäben der Wehrmacht. Am 16. September 1939, rund dreieinhalb Jahre nach Inbetriebnahme der Anlage und wenige Tage nach Beginn des Zweiten Weltkrieges, wurde der öffentliche Fernsehgegensprechanlagen-Dienst allerdings wieder eingestellt.

Eine Randbemerkung sei erlaubt: Die zuvor angeklungene Problematik des ›Kabelfernsehens‹ sorgte seit der zweiten Hälfte der siebziger Jahre, also rund vierzig Jahre später, in der Bonner Politik für heftige Kontroversen. Dabei waren vor allem die Finanzierung der Verkabelung und das öffentlich-rechtliche Rundfunkmonopol umstritten. Viele Bürger befürchteten überdies Beschneidungen ihrer Rezeptionsfreiheiten, weil in verkabelten Haushalten nur diejenigen Programme empfangen werden können, die zuvor eingespeist werden. Alle diese Probleme bestanden (obgleich sie damals aus naheliegenden Gründen nicht thematisiert wurden) prinzipiell auch in den dreißiger und vierziger Jahren, wurde doch der Ausbau des Kabelfernsehnetzes durch die Reichspost parallel zum terrestrischen Sendebetrieb beharrlich vorangetrieben.

Nach umfangreichen Versuchen der Reichspost mit UKW-Übertragungen Mitte der dreißiger Jahre wurde zum einen im April 1939 der Probebetrieb des neugebauten Fernsehsenders auf dem Harzer Brocken aufgenommen. Er dauerte jedoch nur bis zum Juni. Im selben Jahr beschloß die Reichspost den Bau weiterer Fernsehsender in Nürnberg, München, Hamburg und im Ruhrgebiet, für die man teilweise bereits Räume gemietet hatte. Wegen des Kriegsbeginns wurden diese Pläne jedoch nicht mehr realisiert. Auch der Sendeturm auf dem Großen Feldberg im Taunus, den man zwischen Anfang 1937 und Anfang 1940 erbaut hatte, wurde nicht mehr seiner ursprünglichen Bestimmung zugeführt.

Zum anderen gab es seit 1931 erste Experimente des Reichspost-Zentralamts mit neuentwickelten Kabeltypen. Grundsätzlich lassen sich zwei Arten der Verkabelung unterscheiden: die überregionalen, hochfrequent modulierten Breitbandkabelnetze und die innerstädtischen, niederfrequenten Drahtfunknetze. Während diese in erster Linie die Versorgung einzelner Anschlüsse mit Fernsehsignalen bewerkstelligen sollten, waren jene vor allem zur Übermittlung von Bildsignalströmen über größere Entfernungen geeignet.

Wenden wir uns zunächst der Breitbandkabeltechnik zu. Mitte der dreißiger Jahre wurden unter Leitung des Reichspost-Zentralamts intensive Versuche mit Fernsehkabeln durchgeführt. Diese »waren so ermutigend, daß die Deutsche Reichspost an die Verlegung langer Kabel für Fernsehen herangehen konnte. Die Fernsehimpulse werden bei einer Kabelübertragung einer Trägerfrequenz von etwa 1 Million Hz aufmoduliert und über das Kabel geführt. Übertragen wir also ein Frequenzband von 500000 Hz, so haben wir den Bereich von 0 bis 500000 Hz auf dem Fernsehkabel noch frei für Fernsprechübertragungen und Telegraphie. Wir können beispielsweise auf solch einem Kabel neben dem Fernsehen noch etwa 200 Ferngespräche übertragen.«[77]

Im September 1934 wurde das erste, von Siemens & Halske entwickelte Fernseh-Breitbandkabel auf einer Länge von

11,5 Kilometern zwischen dem Gebäude des Reichspost-Zentralamts in Berlin-Tempelhof und dem Charlottenburger ›Haus des Rundfunks‹ verlegt. Die besondere Attraktivität des Breitbandkabels erwuchs aus dessen hoher Aufnahmefähigkeit für gleichzeitig zu übermittelnde Kommunikationssignale sowie der Vielseitigkeit hinsichtlich seiner Verwendung. So war es sowohl für die Übertragung von Fernsehsendungen und Fernseh-Sprechverbindungen als auch für den normalen Telefonverkehr und die abhörsichere militärische Kommunikation geeignet. Letzteres war wohl auch ausschlaggebend dafür, daß trotz der enorm hohen Kosten bis Anfang des Jahres 1945 immerhin 2569 Kilometer Breitbandkabel im Reich verlegt wurden.

Die Kosten für einen Kilometer Breitbandkabel betrugen zwischen 47 300 und 62 000 Reichsmark.[78] Danach hätte allein die bis 1945 durchgeführte Verkabelung rund 120 bis 160 Millionen Reichsmark verschlungen. Zum Vergleich: Von 1935 bis 1943 wandte die Reichspost für den Fernseh-Sendebetrieb insgesamt nur knapp über 16 Millionen Reichsmark auf. Reichspostminister Wilhelm Ohnesorge bekannte offen, daß dabei »seit 1933 die wehrwichtigen Belange stärkstens beachtet [wurden]. Das zeigte sich schon bei der Wahl der Kabelführung.«[79]

Das erste, bereits erwähnte ›Weitverkehrs-Breitbandkabel‹ war im Frühjahr 1935 zwischen Berlin und Leipzig verlegt worden. Diese Strecke wurde bis September 1937 bis Nürnberg, bald darauf in Richtung München, nach dem ›Anschluß‹ Österreichs im Jahre 1938 über Salzburg sogar bis Wien verlängert. Von Salzburg war ein besonderes Stichkabel über Berchtesgaden zum Obersalzberg geplant, das Hitler die Möglichkeit geben sollte, »in deutschen Gauen wie in einem Bilderbuch zu blättern«.[80] Das Kriegsende verhinderte die Verwirklichung dieses Vorhabens.

Außerdem begann der Bau der bis 1945 weitgehend fertiggestellten Strecken Berlin-Hamburg, Berlin-Hannover und Berlin-Frankfurt/Main-Köln. Geplant waren dabei Abzweige zu den in Bau befindlichen Fernsehsendern auf dem Harzer Brocken und dem Großen Feldberg im Taunus.

Nach Kriegsbeginn wurden die zivilen Anwendungen schnell eingestellt und die Breitbandkabel für militärische Zwecke genutzt. Dabei kam es beispielsweise zur Übertragung von Luftlagebildern unter dem Codewort ›Landbriefträger‹. Ob die Arbeiten an einem engmaschigen, bombensicher verlegten Landfernkabelnetz insgesamt aber militärisch sinnvoll waren, kann bezweifelt werden.[81] Eines jedoch waren sie gewiß: immens teuer.

Völlig anders ist die Drahtfunk-Verkabelung deutscher Großstädte zu bewerten. Das Anliegen, auch stark bevölkerte, störungsreiche Gebiete (das Problem einer allgemeinen Entstörung von Kraftfahrzeugen wurde erst nach dem Krieg gelöst) mit Radiosendungen zu versorgen, veranlaßte die Reichspost 1934, in Berlin eine erste Drahtfunk-Versuchsanlage einzurichten. Analog dazu untersuchte sie ab 1936, welche Möglichkeiten sich für einen Fernseh-Drahtfunk unter Mitbenutzung des öffentlichen Fernsprechnetzes boten.

Die Tests verliefen erfolgreich, und so begann man unter Einbeziehung des Breitband-Fernkabels, bereits verlegter Breitband-Ortskabel und normaler Telefonleitungen mit dem Aufbau des Berliner Fernseh-Drahtfunks. Dabei erwiesen sich vor allem die Verstärker-, Entzerrer- und Verteileranlagen als schwierige, aber letztlich lösbare technische Probleme.

Bis 1942 wurden der Sender Paul Nipkow, das Olympiastadion, die Reichspost-Forschungsanstalt, die Fernsehlaboratorien ausgesuchter Unternehmen (darunter die Fernseh AG und Telefunken), mehrere Stellen für den öffentlichen Fernseh-Sprechverkehr sowie einige Fernsehstuben und ›Großbildstellen‹[82] an das Drahtfunknetz angeschlossen.

Als zweiter deutscher Großstadt genehmigte das Reichspostministerium Hamburg am 20. Dezember 1938 die Einführung eines Fernseh-Drahtfunks. Dessen offizielle Eröffnung fiel auf den 17. Juni 1941. Bereits 1943 mußte er wegen Bombenschäden wieder eingestellt werden.

Ziel war die Verteilung des von Berlin über Breitband-Fernkabel übertragenen Programms zu den Empfangsstellen. Daß die Drahtfunk-Verkabelung für den geplanten privaten Heimempfang neben einer ungestörteren Übertragung zugleich auch die Beschränkung auf den deutschen Sender bedeutet hätte, versteht sich von selbst. Aus den Quellen geht jedoch nicht hervor, ob diese ›Nebenwirkung‹ sich nur zufällig ergab oder einem politischen Kalkül entsprach. Falls letzteres zutrifft, ging die Rechnung nicht auf, denn: »Bei privaten Rundfunkteilnehmern wurden – mit Ausnahme der Gauleitung der NSDAP – keine Fernseh-Drahtfunkempfänger aufgestellt.«[83]

Abschließend sei erwähnt, daß sich die Reichspost-Forschungsanstalt seit ihrer Gründung zum Jahresanfang 1937 auch mit Farb- und stereoskopischem Fernsehen experimentell beschäftigte. Dabei ging es allerdings zu keinem Zeitpunkt um die Entwicklung einer praktisch einsetzbaren Anlage, sondern vielmehr um Grundlagenforschung bezüglich der dabei relevanten elektrischen, optischen und physiologischen Effekte.

V-Waffen und Torpedos – militärisches Fernsehen

»Die Fernseh-Ingenieure hatten die Einstellung ihres Gerätes beendet. Auf dem Bildschirm erschien der schwarz-weiße schlanke Körper der Rakete, ein Körper von vollendeter Schönheit der Maße.«

Generalmajor Walter Dornberger,
Leiter der Heeresversuchsanstalt Peenemünde

Nach Kriegsausbruch fand in Deutschland nahezu keine zivile Fernsehforschung mehr statt. Das lag zum einen am Materialmangel: Die Rohstoffe waren streng rationiert. Nicht ›kriegswichtige‹ Forschung mußte sich mit dem begnügen, was die Rüstungsindustrie übrigließ. So wurden beispielsweise die Sendeanlagen für die später abgesagte Helsinki-Olympiade von 1940 nicht aus Eisen gefertigt, sondern aus Magnesium gegossen. Zuständig für die Rohstoffverteilung war Reichsluftfahrtminister Hermann Göring.

Zum anderen lag dies an der Einbeziehung bereits bestehender Sendeanlagen in militärische Operationen. So wurden die beiden fahrbaren Fernsehsender der Reichspost wegen ihrer großen Luftreichweite von über 500 Kilometern in Deutschland, Holland, Nordfrankreich und Sizilien eingesetzt. Unter dem Codenamen »Knickebein« unterstützten sie ein Leitstrahl-Navigationsverfahren und unter dem Tarnnamen »Brummer« die Verständigung zwischen Flug- und Bodenpersonal. Außerdem wurden sie zur Störung gegnerischer Luftnavigationsverfahren verwendet (Tarnbezeichnung »Geige«). Diesen Zwecken dienten auch die stationären Sender auf dem Brocken und auf dem Großen Feldberg sowie der Sender Witzleben.

Hinzu kam die personelle Ausdünnung der Laboratorien, weil viele Mitarbeiter in die Armee oder zur militärischen

Forschung abgezogen wurden. Der Zeitzeuge Walter Bruch berichtet: »Wir Ingenieure waren schon wenige Tage nach Kriegsbeginn mit der Lösung militärischer Aufgaben beauftragt worden. Trotz der Vielzahl dieser Projekte konnten sich Forscher weiter mit dem Fernsehen beschäftigen. Auch mir war es gelungen, während des Krieges einige Arbeiten dieser Art nebenbei, zumeist des Nachts, fortzuführen.«[84]

Allerdings entstand (wie an anderer Stelle bereits angedeutet) die Idee für die Einbeziehung der Fernsehtechnik in die militärische Planung nicht erst bei Kriegsbeginn. Schon 1934 konstatierte Sir Gill, Mitglied eines britischen Fernsehkomitees, im Anschluß an die Besichtigung der Fernseheinrichtungen des Reichspost-Zentralamts, daß »Deutschland im Begriff sei, für den Krieg zu rüsten und merke, daß das Fernsehen für militärische Zwecke von Nutzen sein könne«.[85]

Die beiden Führer-Erlasse von 1935, in denen von der »großen Bedeutung des Fernsehwesens für die Flugsicherung und den nationalen Luftschutz« die Rede war, sollten später diesen Eindruck bestätigen. Militärische Absichten waren es auch, die Hitler damals ausgerechnet Reichsluftfahrtminister Göring zum obersten Hüter des Fernsehens bestellen ließen. Dieser führte sofort für Publikationen über die Fernsehtechnik die Präventivzensur ein. Auch die Fernsehgegensprechanlagen und die kostenaufwendige Breitbandverkabelung hatten (wie bereits ausgeführt) militärische Bedeutung. So verwundert es, daß erst am 29. April 1938 die Aufgaben des Fernsehens im Kriege vom Reichspostministerium festgelegt wurden:

»1. Das Fernsehen ist im Kriegsfalle ein neues, vorzügliches Nachrichtenmittel für die schnelle und geheime Wiedergabe von Befehlen und Meldungen zwischen den Dienststellen der Wehrmacht. 2. Fernsehen liefert scharfe Bilder von Gegenständen, Personen,

Skizzen, Kartenausschnitten bei der Empfangsstelle, die sich außerdem fotografieren lassen. 3. Durch Fernsehen schnellerer Empfang als bei der Funktelegrafie, besonders bei der Übermittlung längerer Texte; Wegfall des Ver- und Entschlüsselns. 4. Wegfall der Peilgefahr für die Sender, da die Übertragung der fotografischen Aufnahme der Fernsehsendung nur wenige Sekunden dauert. 5. Für den feldmäßigen Einsatz müssen sicher arbeitende, möglichst kleine und leichte Geräte geschaffen werden. 6. Schaffung eines Flugzeug-Aufnahmegerätes zum Einblick in das Feindgelände.«[86]

Bereits wenige Tage nach dem Überfall auf Polen wurden die deutschen Fernsehforscher entsprechend diesen Plänen mit der Lösung kriegswichtiger Aufgaben betraut. Ziel des ›militärischen Fernsehens‹ war es, mit Hilfe der Fernsehtechnik neue Waffensysteme zu entwickeln und insbesondere die militärische Kommunikation zu verbessern. 1940 übernahm zum Beispiel die Reichspost von der Fernseh AG eine 1029-Zeilen-Anlage (das entspricht annähernd der neuen HDTV-Norm von 1250 Zeilen), um sie auf ihre Eignung für die Luftaufklärung hin zu erproben. Im selben Jahr wurde, ebenfalls von der Fernseh AG, sogar ein durch Kathodenstrahlröhren übertragenes 2000-Zeilen-Bild für die militärische Schnellbild-Telegraphie entwickelt.

Außerdem beschäftigte man sich im Laboratorium der Reichspost-Fernsehgesellschaft mbH unter anderem mit dem sogenannten ›Nachtjägerverfahren‹. Dabei ging es um die Sichtung feindlicher Flugzeugverbände und deren Meldung über Fernsehverbindungen an entfernte Befehlsstände.

Weiterhin wurde an einer Schnellbildübertragung zur Verhinderung einer gegnerischen Peilung sowie an einer Fernsehverbindung gearbeitet, die in der Lage sein sollte, zwischen Flugzeug und Bodenstation Zahlen und Peilwerte zu übermitteln. Auf der Basis der Fernsehtechnik entwickelten Schaffernicht bei der AEG und Heimann bei der Reichspost-Forschungsanstalt sogenannte ›Nachtsichtgeräte‹. Diese Technik ermöglichte die Infrarot-Kommunikation auf See sowie die Sichtung feindlicher Schiffe und Flugzeuge durch die Wärmestrahlung ihrer Antriebsaggregate. Außerdem gestattete ein 1942 entwickeltes Gerät, mit Maschinenpistolen und automatischen Gewehren auch in der Nacht Ziele wahrzunehmen, wobei eine Sichtweite von bis zu 100 Metern erreicht werden konnte.

Seit Anfang September 1939 entstand sowohl bei der Reichspost als auch bei der Fernseh AG die Idee für einen ›Fernsehtorpedo‹. Bereits am 15. Juni 1932 hatte ein Herr Weiß von der Deutschen Reichspost ein Patent angemeldet, wonach es gelingen sollte, unbemannte Fahrzeuge oder Torpedos mit Hilfe des Fernsehens zu steuern. Die betreffende Angriffswaffe wäre nach seinen Vorstellungen mit einer Kamera und einem Sender ausgerüstet, die es ermöglichen sollten, von der Abschußstelle aus die jeweilige Flugbahn zu verfolgen und gegebenenfalls per Funkfernsteuerung zu korrigieren.

In Anlehnung an dieses Konzept wurden spezielle Sprengkörper (›Gleitbomben‹) mit Fernseh- und Fernsteuerungsanlagen ausgerüstet, die es erlauben sollten, die abgeworfenen Explosivstoffe von einem ungefährdet in großer Höhe fliegenden ›Leitflugzeug‹ aus ins Ziel zu lenken. Die intensiven Arbeiten an dieser Waffe waren mit zahlreichen technischen Schwierigkeiten verbunden, so daß die ersten Versuchsabwürfe erst im Juni 1943 durchgeführt werden konnten. Die Resultate waren aus Sicht der Militärs enttäuschend: Nur zwei Prozent der Probeabwürfe waren Volltreffer. Obwohl erhebliche finanzielle Mittel in die Entwicklung des Fernsehtorpedos gesteckt worden waren, kam die Waffe niemals zum Einsatz.

Einen weiteren militärischen Einsatzbereich fand die

Fernsehtechnik in der Heeresversuchsanstalt von Peenemünde, in der auch die V-Waffen entwickelt wurden, neuartige Raketensysteme, die bis zu 1000 Kilogramm Sprengstoff tragen konnten. Die nationalsozialistische Propagandaterminologie verwandte das Kürzel V-Waffen im Sinne von ›Vergeltungswaffen‹. Die Entwicklungsbezeichnungen waren ›Fieseler Fi-103‹ (später V1, Flugkörper mit Selbststeuerungsanlage, Reichweite rund 330 Kilometer, Erstflug im Dezember 1942, rund 21500 Exemplare wurden gestartet) und ›A4‹ (später V2, ballistische Rakete, Reichweite rund 320 Kilometer, Erststart im Oktober 1942, über 3000 Exemplare wurden gestartet).

Zwei spezialisierte Übertragungsanlagen sendeten die Vorbereitungen und den eigentlichen Startvorgang über Kabel zum rund zwei Kilometer entfernten Prüfstand. Walter Bruch, damals führender Fernsehtechniker in Peenemünde, schreibt: »Ohne das Fernsehen hätte die gesamte Prominenz [gemeint sind Wernher von Braun, Walter Dornberger, Gerhard Stegmeier und gelegentlich auftauchende Parteigrößen wie Heinrich Himmler, Albert Speer usw.; H.Z.] kaum etwas gesehen.« [87] Auf diese Weise waren das Fernsehen und seine Techniker mittelbar beteiligt am Raketenterror gegenüber der englischen Zivilbevölkerung in den letzten Jahren des Krieges.

Zu den wenigen nichtmilitärischen Neuerungen der Fernsehtechnik während des Krieges zählte ein elektronischer Sucher der Fernseh AG. Es handelte sich dabei um eine an der Kamera befestigte Braunsche Röhre von rund sechs Zentimetern Durchmesser, auf deren Schirm der Kameramann sein aufgenommenes Fernsehbild ständig kontrollieren konnte.

Von Berlin nach Peenemünde

Die Vorkriegszeit war für die technische Entwicklung weniger eine Periode grundlegender Innovationen als eine der Erprobung und Verbesserung des neuen Mediums. Allmählich setzte sich das vollelektronische gegenüber dem mechanisch-optischen Fernsehen durch. Reichspost und Industrie blieben weiter federführend auf dem Gebiet der Forschung, obwohl sich das Militär und die Reichsrundfunkgesellschaft zu starken Rivalen entwickelten.

Außerdem ist festzuhalten, daß die technische Entwicklung des Fernsehens zunehmend ideologisch vereinnahmt wurde. Vermeintliche Fortschritte galten als ›nationale Errungenschaften‹, und eine deutsche Führung auf diesem Gebiet wurde zu einer Prestigefrage.

Während schon in Friedenszeiten die Entwicklung des Fernsehens auf der Empfängerseite insgesamt nur zaghaft gefördert wurde, machte die Sendetechnik rasche Fortschritte. Diese Erfolge und die Vernetzung der großen Städte im Reichsgebiet mit Breitbandfernsehkabeln waren aber weniger einem politischen Interesse seitens des Propagandaministers zu danken als vielmehr der Absicht des Militärs, die Fernsehtechnik in die Kriegsvorbereitungen miteinzubeziehen.

In den Jahren 1939 bis 1945 fand in Deutschland nahezu keine zivile Fernsehforschung mehr statt. Die entsprechenden Ressourcen (Personal, Laboratorien, Geräte etc.) wurden ganz in den Dienst des Militärs gestellt. Die Entwicklung spezialisierter Leit- und Lenksysteme für Angriffswaffen auf der Basis des Fernsehens (›Fernsehtorpedo‹) verlief allerdings erfolglos. Militärisch nutzbringend war die Fernsehtechnik allein in der Nachrichtenübermittlung, zum Beispiel zwischen Kommandostäben und in der Heeresversuchsanstalt Peenemünde.

Die institutionelle Entwicklung

»Während man auf der Filmleinwand manchmal einen drei Meter großen Kopf hat, wird man auf dem Bildschirm zum Pygmäen!«

Heinz Erhardt

Wurde schon der technische Fortschritt des Fernsehens im Dritten Reich nachhaltig durch die politischen Gegebenheiten beeinflußt, so galt dies noch stärker für die Organisation der Verwaltung. Kennzeichnend für deren Entwicklung war das Zuständigkeitsgerangel zwischen Reichspost-, Propaganda- und Reichsluftfahrtministerium, in das Hitler schließlich persönlich eingriff.

Außerdem entstanden in dieser Zeit eine ganze Reihe neuer Institutionen, die mit wechselnden und sich teilweise überschneidenden Machtbefugnissen auf das neue Medium einwirkten.[88] All das sollte das Fernsehen in seiner Entwicklung beträchtlich hemmen.

Bis zur nationalsozialistischen Machtübernahme verlief der Aufbau der institutionellen Struktur für den neuen Kommunikationsträger relativ kontinuierlich. Ohne Kompetenzstreitigkeiten hatte das Medium in der Weimarer Republik seinen Platz an der Seite des Hörfunks und im Zuständigkeitsbereich der Reichspost gefunden. Ein plausibler Vorgang, war doch das Fernsehen damals erst im Stadium der Erprobung und somit für andere Ministerien und Behörden kaum von Interesse.

SCHEMA DER ORGANISATION DES FERNSEHENS IM DRITTEN REICH

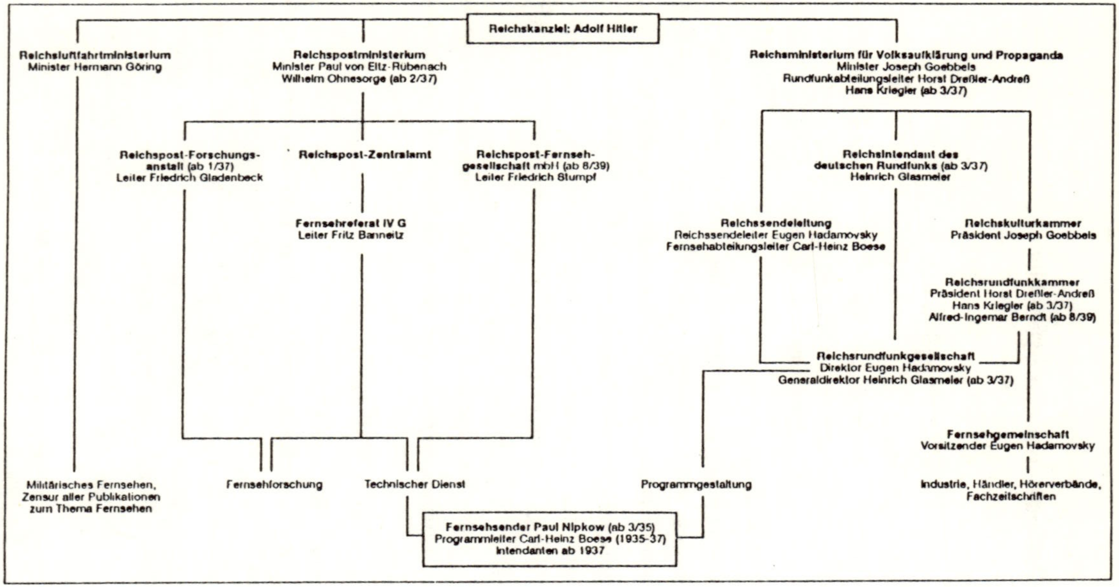

Niemand meldete also Zweifel daran an, daß das ›Gesetz über Fernmeldeanlagen‹ vom 3. Dezember 1927, in dem das Recht zur Ausübung der Fernmeldehoheit in die Hände der Reichspost gelegt worden war, auch für das Fernsehen galt, obwohl es mit keinem Wort darin erwähnt wurde, was im übrigen erstaunlich ist, da das am 1. Januar 1928 in Kraft getretene Gesetz zu einem Zeitpunkt beraten wurde, als die Deutsche Reichspost bereits eifrig auf dem Gebiet des Fernsehens forschte.

Tatsächlich richtete sich das Interesse der neuen Machthaber zunächst ausschließlich auf die publikumswirksamen Massenmedien: Radio, Film und Presse. Das zeigte sich zum Beispiel an der ›Verordnung über die Aufgaben des Reichsministeriums für Volksaufklärung und Propaganda‹ vom 30. Juni 1933. Die den Rundfunk betreffende Passage lautet:

»Aus dem Geschäftsbereich des Reichspostministeriums gehen ferner alle bisher dort bearbeiteten Rundfunkangelegenheiten [auf das Reichsministerium für Volksaufklärung und Propaganda; H.Z.] über, soweit sie nicht die technische Verwaltung außerhalb der Häuser der Reichsrundfunkgesellschaft und der [regionalen; H.Z.] Rundfunkgesellschaften betreffen. In Angelegenheiten der technischen Verwaltung ist der Reichsminister für Volksaufklärung und Propaganda so weit zu beteiligen, als es die Durchführung seiner eigenen Aufgaben notwendig macht, vor allem bei der Festsetzung der Verleihungsbedingungen für Rundfunkanlagen [gemeint ist die Erteilung von Empfangsgenehmigungen; H.Z.] und der Gebührenregelung. Auf den Reichsminister für Volksaufklärung und Propaganda geht insbesondere die Vertretung des Reichs in der Reichsrundfunkgesellschaft und den Rundfunkgesellschaften in vollem Umfange über.« [89]

Gerade die Unterstellung der Reichsrundfunkgesellschaft unter das neugeschaffene Ministerium für Volksaufklärung und Propaganda war folgenreich. Der zuvor auf diesem Gebiet so mächtigen Reichspost blieb fortan nicht mehr als die – noch dazu beschränkte – Zuständigkeit für die Rundfunktechnik, die Erteilung von Empfangsgenehmigungen und der Gebühreneinzug. Diese verwaltungstechnische Zuordnung, in der vom Fernsehen noch immer nicht explizit die Rede war, legte bereits den Grundstein für eine Auseinandersetzung um die Beherrschung des neuen Mediums, die im Jahre 1935 ihren Höhepunkt finden sollte.

Im Zuge der Bemühungen um eine vereinheitlichte und zentralisierte politische Rundfunkkontrolle wurde die zuerst am 3. Juli 1933 als eingetragener Verein gegründete ›Nationalsozialistische Rundfunkkammer‹ von Goebbels zur Einheitsorganisation ausgebaut. Der Propagandaminister ernannte seinen Rundfunkabteilungsleiter Dreßler-Andreß zum Präsidenten der Reichsrundfunkkammer und machte sich selbst zum Präsidenten der Dachorganisation (›Reichskulturkammer‹).

Die Einführung des Führerprinzips und die Realisierung der Gleichschaltung, mithin die ›Säuberung‹ und die politische Kontrolle des deutschen Rundfunkwesens, waren zunächst die wichtigsten Aufgaben der intern klar hierarchisch strukturierten Reichsrundfunkkammer, die sie vor allem in den ersten Monaten ihres Bestehens erfolgreich erfüllte. Im Laufe der folgenden Jahre erwies sich der aufgeblasene Apparat jedoch als derart schwerfällig und ineffizient, daß Goebbels die Reichsrundfunkkammer am 28. Oktober 1939 durch ein einfaches Rundschreiben auflöste. Ihre Vermögenswerte fielen an die Reichsrundfunkgesellschaft, und ihre Mitglieder mußten sich je nach Beruf den Kammern für Schrifttum, Theater oder Musik anschließen.

Wie bereits geschildert, war die Reichsrundfunkkammer eine ständisch organisierte Berufsvertretung mit Zwangsmitgliedschaft. Industriebetriebe und Händler der Rundfunkbranche, Verleger und Redakteure der Rundfunkzeitschriften sowie die Hörerverbände waren gezwungen, bis zum 15. Dezember 1933 Mitglieder der als Unterorganisationen gedachten Fachverbände zu werden, wollten sie nicht das Recht auf Berufsausübung verlieren. Die Fernseh AG hatte die Zeichen der Zeit schon früh erkannt: Sie war bereits am 3. Juli eines der Gründungsmitglieder gewesen.

Der aufwendige Apparat der Reichsrundfunkkammer wurde durch Beiträge der rund 1000 Mitglieder, zum größeren Teil aber durch beträchtliche Zuwendungen seitens der Reichsrundfunkgesellschaft finanziert. Gemessen an dem enormen Finanzbedarf und Verwaltungsaufwand waren die übernommenen Aufgaben außerordentlich bescheiden.

Im Frühjahr 1934 regte sich endlich auch in Goebbels Ressort erstes Interesse an dem neuen Kommunikationsträger. Die Reichsrundfunkgesellschaft, die mittlerweile (Reichssendeleiter Hadamovsky war zu dieser Zeit zugleich auch Direktor der Reichsrundfunkgesellschaft) politische Exekutive der Reichssendeleitung und des Propagandaministeriums geworden war, beschloß, mit eigenen Versuchs- und Entwicklungsarbeiten auf dem Gebiet des Fernsehens zu beginnen. Zu diesem Zwecke verpflichtete sie den zuvor für das Reichspost-Zentralamt tätigen Techniker Friedrich Kirschstein, der mit fünf Mitarbeitern die Räumlichkeiten im Berliner Funkhaus übernahm, die das Fernsehreferat des Reichspost-Zentralamts seit Frühjahr 1932 benutzt hatte.

Zum wiederholten Male maßte sich damit Goebbels' Ministerium Verantwortlichkeiten in einem Bereich an, den traditionsgemäß die Reichspost allein beherrschte. Juristisch war die Frage der Zuständigkeit zu diesem Zeitpunkt jedoch noch ungeklärt, enthielt doch Hitlers ›Verordnung über die Aufgaben des Reichsministeriums für Volksaufklärung und Propaganda‹ keinen ausdrücklichen Hinweis auf das Fernsehen.

Das Fernsehreferat des Reichspost-Zentralamts bezog am 9. April 1934 seinerseits neue Laboratorien im Haus der Deutschen Kabelgesellschaft in Charlottenburg, Rognitzstraße 8. Von nun an betrieben sowohl die Post als auch der Rundfunk in enger Kooperation eigene Fernsehversuche mit dem gemeinsamen Ziel eines regelmäßigen Versuchsprogramms. Bei der Abschlußveranstaltung der Funkausstellung von 1934 kündigte Reichssendeleiter Eugen Hadamovsky den baldigen Start eines solchen Betriebes an.

Die Premiere fand am 22. März 1935 statt. Was allerdings noch heute oft als erster regelmäßiger Fernsehprogrammdienst der Welt angeführt wird, war sowohl technisch (180-Zeilen-Norm) als auch organisatorisch unzureichend; zudem fehlten Zuschauer in nennenswerter Zahl. Trotzdem berichtete am 1. Mai 1935 Propagandaminister Goebbels in Berlin auf einer Veranstaltung der Reichskulturkammer von der großen ideellen und materiellen Unterstützung, die man der »revolutionären technischen Neuerung des Fernsehens« angedeihen lasse, und prophezeite, daß man in kurzer Zeit zu greifbaren und zu diesem Zeitpunkt »noch gar nicht übersehbaren Resultaten« kommen würde.[90]

Entsprechend motiviert wurde tags darauf unter Vorsitz von Eugen Hadamovsky eine besondere ›Fernsehgemeinschaft‹ gegründet, deren erklärtes Ziel darin bestand, auch das neue Medium in die parteipolitische Rundfunkorganisation einzubinden. Die ›Fernsehgemeinschaft‹ war organisatorisch der Reichsrundfunkkammer angegliedert. Mitglieder waren Vertreter des Rundfunks, der Rundfunkindustrie und des -handels, der Rundfunkteilnehmer und der Fachzeitschriften.

Nun wurde auch der Leiter der Rundfunkabteilung im Propagandaministerium, Horst Dreßler-Andreß, aktiv. Vom ersten deutschen Fernsehkongreß am 29. Mai 1935 in Berlin sandte er ein Telegramm an Hitler, in dem er gelobte, »dieses neue revolutionäre Mittel der Volksaufklärung und Propaganda mit nationalsozialistischer Tatkraft und opferfreudiger Hingabe als Ihr Instrument auszubauen.«[91]

Die Stimmen, die eine baldige und flächendeckende Realisierung des Fernsehens verlangten, begannen sich zu mehren. Am 27. September 1935, keine drei Wochen nach Beginn des ›Parteitags der Ehre‹ in Nürnberg, publizierte der Reichsverband der Deutschen Rundfunkteilnehmer einen Aufruf, in dem vehement die Einführung des Fernsehens verlangt wurde:

»Adolf Hitler hat in Nürnberg angesichts der aufmarschierenden Hunderttausenden erklärt: ›Ich wollte nur, alle Deutschen des Reiches könnten in diesem Augenblick Euch, meine deutschen Kameraden, sehen!‹ Dieser Wunsch des Führers ist eine heute jederzeit realisierbare politische Wirklichkeit geworden und keine Utopie mehr! Wenn wir wollen, können morgen alle Deutschen nach Nürnberg sehen! Wenn wir wollen, kann die intensive Propaganda des gesprochenen Wortes morgen schon ergänzt werden durch die noch intensivere unwiderlegbare Propaganda des mit eigenen Augen Geschauten. [...] Darum rufen wir die im Opfern und Kämpfen bewährten Nationalsozialisten und Nationalsozialistinnen des Reichsverbandes Deutscher Rundfunkteilnehmer auf: Schließt Euch überall zusammen und bildet Fernsehgemeinschaften! Sorgt durch Euren organisierten Willen dafür, daß [...] der praktische Apparatebau und der Senderbau auf der Stelle folgt! Arbeitet für die Einführung des Fernsehens und Ihr arbeitet damit für den endgültigen und vollkommenen Sieg der nationalsozialistischen Idee! Tragt das Bild des Führers in alle deutschen Herzen! Verkündet es allen jenseits der deutschen Grenzen! Kämpft dafür, daß Deutschland das erste Land der Welt wird, in dem alle Volksgenossen fernsehen können! Es lebe der Führer! Es lebe unsere herrliche Bewegung! Es lebe das erwachte und sehend gewordene Deutschland!«[92]

»Das Bild des Führers« sollte indessen niemals den Weg »in alle deutschen Herzen« finden. Neben technischen und wirtschaftlichen Problemen verzögerten auch Kompetenzstreitigkeiten innerhalb des braunen Machtapparates die Entwicklung des Mediums, dessen propagandistische Möglichkeiten zumindest die nationalsozialistischen Aktivisten im Reichsverband der Deutschen Rundfunkteilnehmer deutlich erkannt hatten.

So schwelte schon länger ein Streit zwischen dem Ministerium für Volksaufklärung und Propaganda und dem Reichspostministerium, das es sich im Juni 1933 hatte gefallen lassen müssen, beim Kampf um die Beherrschung des Hörfunks von Goebbels ausmanövriert zu werden. Bei der praktischen Zusammenarbeit zwischen der Reichsrundfunkgesellschaft, einer nachgeordneten Dienststelle des Propagandaministeriums, und dem Fernsehreferat des Reichspost-Zentralamts, einer nachgeordneten Dienststelle des Postministeriums, kristallisierte sich immer deutlicher heraus, daß die Post traditionelle Zuständigkeiten beim Fernsehen abtreten mußte.

Während nun in den Ministerien Pläne geschmiedet wurden, wie die jeweils eigenen Interessen am besten zu wahren seien, erzielten Anfang 1935, als die Einführung des Fernsehprogrammdienstes kurz bevorstand, Reichsrundfunkgesellschaft und Reichspost-Zentralamt eine Übereinkunft. Deren zentrale Punkte lauteten:

»Die eigentliche Entwicklungsarbeit verbleibt wie bisher bei der Deutschen Reichspost (RPZ). Die Deutsche Reichspost wird weiterhin die Sender betreiben, während – ähnlich wie bei Mikrophon und Verstärker – die Fernsehgeber von der Reichs-Rundfunk-Gesellschaft beschafft und betrieben werden. [...] Um die Entwicklung des Fernsehens zu fördern, werden die beiderseitigen Betriebserfahrungen ausgetauscht werden. [...] Über die Benutzung des Fernsehsenders in Witzleben wurde vereinbart, daß die Deutsche Reichspost vormittags ihre Versuchssendungen fortsetzt und den Sender der Reichs-Rundfunk-Gesellschaft abends zur Verfügung stellt, sobald diese mit einem Versuchsbetrieb beginnen will.«[93]

Kernpunkt der Vereinbarung war somit, daß sich das Fernsehreferat der Post vornehmlich um die Grundlagenforschung und den Betrieb der Sender zu kümmern habe, während sich die Reichsrundfunkgesellschaft der Studiotechnik annehmen sollte. Die Abmachung enthielt überdies eine Absichtserklärung für ein enges Zusammenarbeiten zwischen den Beteiligten.

Trotzdem versuchte schon im Sommer 1935 das Propagandaministerium (einmal mehr unter dem Schlagwort ›Rundfunkeinheit‹), sich des Reichspost-Fernsehstudios und der beiden UKW-Sender in Witzleben zu bemächtigen.

Entsprechend dachte auch Reichspostminister Paul von Eltz-Rübenach an alles andere, nur nicht an ein »enges Zusammenarbeiten« mit Goebbels. Als potenter Bündnispartner für die bevorstehende Auseinandersetzung bot sich Reichsluftfahrtminister Hermann Göring an, der es ebenfalls noch nicht verwunden hatte, bei der Verteilung der Kompetenzen für das Radio im ersten Halbjahr 1933 leer ausgegangen zu sein. Görings Ausgangsposition für diesen Kräftevergleich war zu diesem Zeitpunkt recht günstig, denn die Einführung der Allgemeinen Wehrpflicht (16. März 1935) im Verein mit Hitlers forcierten Aufrüstungsplänen hatte die Bedeutung seines Ressorts deutlich wachsen lassen.

Hinter dem Rücken von Goebbels erwirkten nun beide eine rechtliche Regelung des Fernsehens zu ihren Gunsten. Dabei fielen Görings Argumente, durch die zivilen Fernsehexperimente würde die Entwicklung der verwandten Radartechnik gestört und die militärische Bedeutung der Fernsehtechnik gebiete die Beschränkung derartiger Kenntnisse auf einen möglichst kleinen Personenkreis, bei Hitler auf fruchtbaren Boden.

Am 12. Juli 1935 erging schließlich der ›Erlaß des Führers und Reichskanzlers über die Zuständigkeit auf dem Gebiet des Fernsehens‹, in dem Hitler die Verantwortung für die weitere Entwicklung des Fernsehwesens aus militärischen Gründen in die Hände des Reichsluftfahrtministeriums legte. Der Wortlaut:

»Erlaß des Führers und Reichskanzlers über die Zuständigkeit auf dem Gebiete des Fernsehens vom 12. Juli 1935 (RGBl. Jahrg. 1935, Teil I, S. 1059). Die weitere Entwicklung des Fernsehens erfordert dringend eine Zusammenfassung der staatlichen Zuständigkeiten in einer Hand. Mit Rücksicht auf die besondere Bedeutung des Fernsehwesens für die Flugsicherung und den nationalen Luftschutz ordne ich daher an: Die Zuständigkeiten auf dem Gebiete des Fernsehwesens gehen auf den Reichsminister der Luftfahrt über, der sie im Benehmen mit dem Reichspostminister ausübt.« [94]

Hermann Göring war damit Herrscher des neuen Mediums, einzig gehalten, sich mit dem Postministerium zu verständigen. Interessant ist in diesem Zusammenhang die Tatsache, daß ausgerechnet Göring mit diesen Kompetenzen betraut wurde – und nicht etwa Reichskriegsminister Werner von Blomberg oder gar der Oberbefehlshaber des Heeres, Werner Freiherr von Fritsch. Dafür gibt es gleich drei plausible Erklärungen: 1. das Mißtrauen gegenüber den beiden preußischen Militärs, die Hitlers Expansionsplänen mit Skepsis begegneten, was 1938 auch zu ihrer Entlassung unter Heranziehung konstruierter Vorwände führte; 2. die beabsichtigte Militärtaktik der Nationalsozialisten, die die Lufthoheit als ein vorrangiges Ziel bestimmte; und schließlich 3. die Fernsehtechnik selbst, die damals vor allem zur Entwicklung von Leit-/Lenksystemen für ›Gleitbomben‹ und die Fernaufklärung per Flugzeug geeignet schien. Goebbels indes nahm diese Regelung so nicht hin und intervenierte verärgert beim Reichskanzler.

Derweil triumphierte Postminister von Eltz-Rübenach. So machte er Reichssendeleiter Hadamovsky auf seine Weisungsbefugnis für das Fernsehen aufmerksam, besonders im Hinblick auf die bevorstehende Funkausstellung. Außerdem verlangte er, alle Forschungsanlagen, technischen Einrichtungen und Fernsehstuben der Post zu übergeben. Doch der Postminister hatte seine Rechnung ohne Goebbels gemacht, denn dessen Einspruch hatte Erfolg, und Hitler hob bereits am Tag der Veröffentlichung, dem 6. August, seinen Erlaß wieder auf. Damit nicht genug, erwirkte der Propagandaminister doch außerdem einen zweiten Führererlaß, der am 11. Dezember 1935 die verwaltungstechnische Zuständigkeit im Bereich des jungen Kommunikationsträgers vollständig neu regelte:

»Zweiter Erlaß des Führers und Reichskanzlers über die Zuständigkeit auf dem Gebiet des Fernsehwesens. Vom 11. Dezember 1935. In Ergänzung meines Erlasses über die Zuständigkeit auf dem Gebiete des Fernsehwesens vom 12. Juli 1935 [...] bestimme ich:

I. Der Reichsminister der Luftfahrt ist zuständig für alle zur Sicherung der Luftfahrt, des Luftschutzes und der Landesverteidigung erforderlichen Maßnahmen auf dem Gebiete des Fernsehwesens; soweit die Landesverteidigung berührt wird, ist er innerhalb der Wehrmacht federführend. Die Aufgabe des Reichsministers der Luftfahrt umfaßt [...] auch die Genehmigung zur Herstellung und zum Inverkehrbringen von Fernsehaufnahmen aus Luftfahrzeugen und von Geräten oder Mitteln für das Fernsehen sowie im Einvernehmen mit dem Reichsminister für Volksaufklärung und Propaganda die Genehmigung zu Veröffentlichungen aller Art über die vorbezeichneten Geräte und Mittel durch Wort, Schrift, Bild oder Ton (einschließlich Erteilung von Unterricht, Abhaltung von Vorträgen, öffentlicher Vorführung von Bildern oder Filmen, Veranstaltung von Ausstellungen auf diesem Gebiet).

II. Dem Reichspostminister ist die technische Entwicklung auf dem Gebiete des Fernsehwesens und die Regelung aller technischen Angelegenheiten des zivilen Bedarfs allein vorbehalten. Er hat in Fragen, die die Landesverteidigung berühren, das Einvernehmen mit dem Reichsminister der Luftfahrt herbeizuführen. Für die Zwecke des öffentlichen Bedarfs und des Reichsministeriums für Volksaufklärung und Propaganda einschließlich der Reichsrundfunkgesellschaft stellt die Deutsche Reichspost die erforderlichen Geräte bereit, wartet und bedient sie nach einer gemeinsam zu erlassenen Dienstanweisung.

III. Dem Reichsminister für Volksaufklärung und Propaganda obliegt die darstellerische Gestaltung von Fernsehübertragungen für Zwecke der Volksaufklärung und Propaganda. Er hat in Fragen, die die Landesverteidigung berühren, das Einvernehmen mit dem Reichsminister der Luftfahrt herbeizuführen.«[95]

Nunmehr waren also drei statt vormals zwei Ressorts beteiligt: Das Luftfahrtministerium sollte in allen Fragen der Flugsicherung, des Luftschutzes und der Landesverteidigung allein bestimmen, dem Postministerium sollte die technische Entwicklung der Post vorbehalten bleiben, und »die darstellerische Gestaltung von Fernsehübertragungen« sollte wiederum dem Minister für Volksaufklärung und Propaganda überlassen werden. Es wurde ausdrücklich festgeschrieben, daß die Post dem Propagandaministerium und der Reichsrundfunkgesellschaft die Geräte bereitzustellen, sie zu warten und zu bedienen habe. Zumindest letzteres gestaltete sich schon aus praktischen Gründen einfach, da die Aktivitäten der Reichsrundfunkgesellschaft auf dem Gebiet der Sendetechnik seit dem Brand auf der Funkausstellung von 1935 ohnehin lahmgelegt waren. Dabei war nämlich das zwischen dem Sender Witzleben und dem Haus des Rundfunks liegende Übertragungskabel zerstört worden, während das zum Poststudio in der Rognitzstraße führende Kabel keine Schäden davongetragen hatte.

Mit Hitlers zweitem Erlaß war der rechtliche Rahmen des Fernsehens im nationalsozialistischen Deutschland abgesteckt. Die Reichspost hatte bei der Verteilung der Kompetenzen eine empfindliche Beschränkung hinnehmen müssen. Aber auch das Propagandaministerium war gezwungen worden, sich in allen Fragen der Landesverteidigung dem Reichsluftfahrtministerium unterzuordnen.

Ein weiterer wichtiger Aspekt dieses Erlasses war die Anordnung, daß von nun an alle Publikationen zum Thema Fernsehen einer Genehmigung bedurften. Faktisch war die Zensur auf diesem Gebiet schon seit Görings diesbezüglicher Anweisung an die Reichskulturkammer kurz nach dem ersten Führererlaß in Kraft, jetzt war sie auch förmlich vom Reichskanzler gebilligt worden. Dies wohl vor allem deshalb, weil man schon damals die Fernsehtechnik in die militärische Planung mit einbezogen hatte. Dafür spricht auch die Tatsache, daß dem Luftfahrtministerium in diesem Erlaß die höchste Priorität eingeräumt wurde. Über die praktischen Auswirkungen schreibt der Zeitzeuge Walter Bruch: »Die wenigen Fachleute, die überhaupt in der Lage waren, über die Möglichkeiten und die Problematik des Fernsehens zu schreiben, mußten also die Manuskripte zur Prüfung einreichen. Nur ganz allgemein gehaltene Beiträge gab die Zensur zur Veröffentlichung frei.«[96]

Entsprechend den Richtlinien dieses zweiten Erlasses stellte das Reichspost-Zentralamt am 14. Januar 1936 seine eigene Programmarbeit ein. Bis 1936 war die Zahl der im Fernsehreferat der Reichspost beschäftigten Mitarbeiter auf rund 300 angewachsen. Dies veranlaßte am 1. Januar 1937 den damaligen Staatssekretär Wilhelm Ohnesorge, der im Februar 1937 zum neuen Reichspostminister berufen wurde, zur Gründung der Reichspost-Forschungsanstalt, die direkt dem Reichspostministerium unterstellt wurde. Ohnesorge erteilte ihr den Auftrag, »in umfassender wissenschaftlicher Tätigkeit und in gemeinsamer Arbeit mit der deutschen Fernsehindustrie die technischen Grundlagen und Voraussetzungen zu schaffen, und ständig auszubauen, die für die allgemeine Einführung des Fernsehens in Deutschland notwendig«[97] waren. Im Jahre 1944 zählte die Reichspost-Forschungsanstalt schließlich 1400 Mitarbeiter, darunter allein 350 Beamte.

Konsequent bestritt von nun an die der Reichssendeleitung unterstellte Reichsrundfunkgesellschaft allein das Programm für den ›Fernsehsender Paul Nipkow – Berlin‹. In der Reichssendeleitung war seit 1935 der stellvertretende Reichssendeleiter Carl-Heinz Boese für alle Angelegenheiten des Fernsehens zuständig. Der ehemalige Ufa-Angestellte war als Fachmann für Hörfunkübertragungen von Großveranstaltungen in die Führungsspitze der nationalsozialistischen Rundfunkverwaltung vorgestoßen und bekleidete nun zusätzlich das Amt eines Fernsehprogrammleiters. Ihm standen beispielsweise im Jahr 1936 zwei führende und rund ein Dutzend weiterer Mitarbeiter sowie ein Jahresetat von etwa 300000 Reichsmark für die Programmgestaltung zur Verfügung.

Die für den Sendebetrieb erforderliche Zusammenarbeit zwischen Post- und Propagandaministerium wurde im Juni 1936 durch die gemeinsam erstellte ›Dienstanweisung für den Fernsehbetrieb‹ geregelt. Doch auch dies war nur ein vorläufiger Waffenstillstand in einer Auseinandersetzung, bei der keiner der Beteiligten annahm, daß das letzte Wort schon gesprochen sei. So verhandelten noch im Mai 1942 Vertreter des Post- und des Propagandaministeriums über die Frage, ob Kameramänner und Beleuchter nicht eigentlich ›künstlerisches Personal‹ wären und somit dem Propagandaministerium unterstünden. Man einigte sich schließlich darauf, die endgültige Entscheidung bis nach Kriegsende zu vertagen.

In der erwähnten Dienstanweisung wurde nun in Übereinstimmung mit dem zweiten Führererlaß festgelegt, daß die Post die technischen Einrichtungen für das Fernsehen der Reichsrundfunkgesellschaft zur Verfügung stellen sollte. Zugleich behielt sich die Post die alleinige Bedienung und Wartung der technischen Anlagen vor – übrigens ganz im Gegensatz zum Hörfunk. Dort waren ganz allein die Techniker der Reichsrundfunkgesellschaft zuständig.

In der Praxis bedeutete dies, daß die Reichspost noch immer einige Einflußmöglichkeiten auf die Gestaltung der Übertragungen hatte: »Der Betriebsablauf der Sendungen mußte bis ins Detail zwischen dem von der Reichs-Rundfunk-Gesellschaft berufenen Programmleiter und dem von der Post bestellten technischen Leiter festgelegt werden. Die Posttechniker hatten, da nur sie Mikrophone, Beleuchtungs- und Schalteinrichtungen zum Abhören und Mischen bedienten und über die Qualität von Bild und Ton bestimmen durften, immer das letzte Wort.«[98]

Ab dem 19. März 1937 begann der Propagandaminister mit der ›Neuordnung in der Führung und Verwaltung des Deutschen Rundfunks‹. Es ging dabei um eine stärkere Einbindung von Radio und Fernsehen in die nationalsozialistische Propagandamaschinerie, um die straffere Hierarchisierung der Verwaltung und die Klärung interner Kompetenzstreitigkeiten zwischen Goebbels und Hadamovsky. Im Zuge dieser Reformen wurde eine zentrale Leitungsposition innerhalb der Reichsrundfunkgesellschaft geschaffen, die in Personalunion mit dem Reichsintendanten des Deutschen Rundfunks Heinrich Glasmeier innehatte, was faktisch die Entmachtung Hadamovskys bedeutete. Im Herbst 1938 nannte ein Geschäftsverteilungsplan der Reichsrundfunkgesellschaft neun Abteilungen und zwölf Mitarbeiter im Bereich Fernsehen. Glasmeier wandelte den Berliner Fernsehsender in einen Reichssender um und setzte mit Hans-Jürgen Nierentz[99] am 22. April 1937 den ersten deutschen Fernsehintendanten in sein Amt ein.

Reichsintendant Dr. Heinrich Glasmeier (r.) im Gespräch mit Reichssendeleiter Eugen Hadamovsky (in der Uniform eines Flieger-Unteroffiziers) beim Berliner »Fest des Rundfunks« (26. Februar 1939).

Eine weitere Straffung der Fernsehorganisation erfolgte mit der Übernahme des technischen Dienstes beim Sender durch die am 14. August 1939 gegründete ›Reichspost-Fernsehgesellschaft mbH‹. Am 1. September 1939 übernahm diese den Aufnahmebetrieb im Deutschlandhaus. Ihr Stammkapital lag zu 95 Prozent bei der Reichspost, die auch die laufenden Kosten trug. Die restlichen fünf Prozent hielt der alleinige Geschäftsführer Friedrich Stumpf. Der Personalbestand wurde von anfangs 100 in den Jahren 1941/42 auf 150 Mitarbeiter erweitert. Dazu kamen noch einmal rund 90 Kräfte, die seit 1942 in den Pariser Studios arbeiteten.

Aus den optimistischen Plänen im Sommer 1939, das Fernsehen nun bald der Öffentlichkeit zugänglich zu machen, sollte jedoch nichts mehr werden. Der Grund dafür war der Beginn des Zweiten Weltkrieges durch den deutschen Überfall auf Polen am 1. September 1939.

In Deutschland ging nach einer Übergangszeit von nur wenigen Wochen der Programmbetrieb weiter, während die BBC rund acht Stunden nach Kriegsausbruch ihren Fernsehdienst mit einer legendären Zeichentrickfilm-Episode einstellte. Darin verabschiedete sich die Mickey Mouse von ihren Zuschauern mit Greta Garbos Stimme: »Ah tank ah go home.« – Ich denke, ich geh heim.

Im Herbst 1939 kam es zu einem Wechsel an der Spitze des deutschen Fernsehens. Der bisherige Intendant Hans-Jürgen Nierentz wurde durch Herbert Engler abgelöst. Engler war seit 1933 Leiter der Hörspielabteilung in Breslau, seit 1937 Abteilungsleiter in der Reichsrundfunkkammer und Chefregisseur in Berlin. Seine Aufgabe bestand darin, ein ausschließlich zur Truppenbetreuung im Raum Berlin dienendes Programm zu produzieren. Noch 1944 trat ein dritter Fernsehintendant der Reichsrundfunkgesellschaft, Harry

Moss, sein Amt an. Moss war zuvor Sendeleiter in Königsberg und Hamburg, hatte ab 1940 bei der Reichsrundfunkgesellschaft in Berlin gearbeitet und im Januar 1943 die Intendanz in Danzig übernommen.

Die institutionelle Entwicklung des Fernsehens im Dritten Reich verlief also in vielerlei Hinsicht parallel zu den Massenmedien Radio, Film und Presse. Die Gleichschaltung wurde beim neuen Medium durch die Reichsrundfunkkammer ebenso effektiv realisiert wie im Hörfunk. Auch das Führerprinzip, die vollständige Hierarchisierung der Verwaltungsstruktur, wurde auf das Fernsehen übertragen, wenngleich sich zeigte, daß die Führungsspitze der Medienlenkung (Goebbels, Hadamovsky, Dreßler-Andreß, Glasmeier etc.) sich kaum für den neuen Kommunikationsträger interessierte, solange die eigene Zuständigkeit nicht in Frage gestellt wurde. Erschwerend kamen die häufigen personellen Umbesetzungen in der Fernsehverwaltung hinzu.

Besondere Probleme erwuchsen dem Medium aus den Konflikten zwischen Militär, Post- und Propagandaministerium. Die Reichspost pochte auf ihre traditionelle Zuständigkeit für das Fernsehen, das Propagandaministerium auf sein Recht der inhaltlichen Lenkung und das Luftfahrtministerium auf die vorrangige militärische Bedeutung der Fernsehtechnik. Die schließlich geltende Regelung bildete der zweite Führererlaß ›über die Zuständigkeit auf dem Gebiet des Fernsehwesens‹ vom 11. Dezember 1935. Darin wurde dem Reichsluftfahrtministerium gegenüber dem Propagandaministerium Vorrang eingeräumt, die Post war lediglich noch für die technische Seite zuständig.

Damit stellte der Erlaß die Weichen für eine Fernsehorganisation, die der Entfaltung des Mediums hinderlich war. Schließlich waren bis zu diesem Zeitpunkt beinahe alle wichtigen Impulse der Fernsehentwicklung von der Reichspost ausgegangen, die nun zwar nicht mehr aktiv gestalten, wohl aber durch das technische Monopol den Programmbetrieb erschweren und verzögern konnte. Auch Goebbels konnte nicht frei agieren wie bei den übrigen Medien, weil er ständig Eingriffe durch Göring befürchten mußte.

Wie es unter diesen erschwerten Bedingungen überhaupt zu einem Programmbetrieb kommen konnte, und wie dieser im einzelnen aussah, beschreibt das folgende Kapitel.

Das Programm

Der Fernsehsender Paul Nipkow

»Im Grunde genommen ist es ganz gleichgültig, was ich sende.«

Fernsehintendant Herbert Engler 1940

Seit dem 1. April 1934 unterhielt die Deutsche Reichspost einen regelmäßigen UKW-Fernsehversuchsbetrieb mit gleichzeitiger Tonübertragung über den Berliner Sender Witzleben. Die Sendungen dienten zunächst vor allem Forschungszwecken der Post und der Industrie. Zu dieser Zeit wurden die gesendeten Beiträge noch ausschließlich nach ihren optischen Eigenschaften ausgewählt. Aus den von der Ufa zur Verfügung gestellten Kurz- und Spielfilmen suchte man Ausschnitte mit günstigen Schwarzweiß-Kontrasten. Ab Juni 1934 stellte die Reichspost ihren Ton- und Bildsender an drei Wochentagen (Montag, Mittwoch und Samstag von 20.30 bis 22 Uhr) der Reichsrundfunkgesellschaft zur Ausstrahlung einer eigenen Sendefolge zur Verfügung.

Am 22. März 1935 begann der erste regelmäßige Fernsehprogrammbetrieb als gemeinsames Projekt von Reichspost und Reichsrundfunkgesellschaft. Beide waren durch die Ankündigung des britischen Generalpostmeisters, im Herbst 1935 werde man mit regelmäßigen Fernsehsendungen beginnen, und durch Pressemeldungen über ähnliche Pläne eines Tokioter Senders erheblich unter Druck geraten.

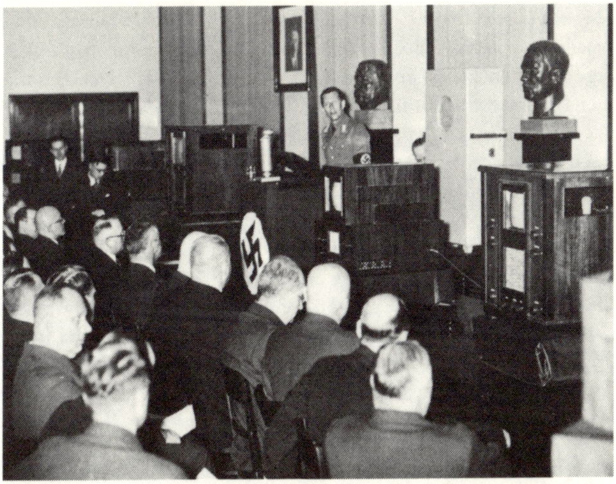

Am 22. März 1935 eröffnet Reichssendeleiter Hadamovsky großspurig den Berliner Fernsehsender »Paul Nipkow« und damit den »ersten regelmäßigen Programmbetrieb der Welt«.

So kam diese Eröffnung hauptsächlich aufgrund nationalen Prestigedenkens zustande: Wieder einmal die Ersten zu sein, auch mit einer technisch minderwertigen 180-Zeilen-Norm und einem Programm, das diesen Namen kaum verdiente. Zeitzeuge Arnolt Bronnen spottete: »Es war eine reine Hochstapelei, denn es gab weder ein Fernsehen, noch ein Programm, höchstens einen Betrieb.« [100]

England startete im November 1936 als zweites Land bereits mit 405zeiligen Bildern und vollelektronischen Kameras. Es folgten Frankreich im Mai 1937 (445 Zeilen), die Sowjetunion im Frühjahr 1938 (343 Zeilen) und die USA im April 1939 (441 Zeilen).

Reichssendeleiter Hadamovsky unterrichtete Hitler mit pathetischen Worten von der Premiere des unausgereiften Mediums:

»Mein Führer! Die Reichssendeleitung meldet Ihnen hiermit über den Fernsehsender Berlin-Witzleben [...] den Beginn des ersten regelmäßigen Fernsehprogrammbetriebes der Welt. Der Zusammenarbeit und Schöpferkraft deutscher Wissenschaftler, Ingenieure, Arbeiter, Organisatoren und Künstler verdanken wir einen Fortschritt von höchster kultureller, politischer und volkswirtschaftlicher Bedeutung. [...] Nun ist die Stunde gekommen, in der wir beginnen wollen, mit dem nationalsozialistischen Fernsehrundfunk Ihr Bild, mein Führer, tief und unverlöschlich in alle deutschen Herzen zu pflanzen. Mögen auch von dieser feierlichen Stunde der Eröffnung des ersten regelmäßigen Fernsehprogrammdienstes an noch tausende Hindernisse zu überwinden und Jahre voll härtester Arbeit zu leisten sein, wir werden dieses Ziel erreichen, im Dienste unseres unvergleichlichen Führers, im Dienste an unserer stolzen deutschen Volksgemeinschaft. Heil Hitler!«[101]

Doch auch die Eröffnungsveranstaltung am 22. März 1935 bot noch kein Fernsehprogramm. Es handelte sich vielmehr um einen Vortragsabend mit Vorführungen auf fünf im Saal aufgestellten Empfängern.

Im Mai 1935 gab es in Berlin neben den Geräten der Reichsrundfunkgesellschaft und der Reichspost etwa 45 bis 55 Heimempfänger. Sie waren an interessierte Behörden, Parteidienststellen und an handverlesene Rundfunkjournalisten vergeben worden; bei allen Geräten handelte es sich um Einzelanfertigungen. Der Preis für einen »guten« Fernsehempfänger läßt sich für das Jahr 1934 auf 2500 bis 3600 Reichsmark beziffern.[102] Zum Vergleich: Der 1933 vorgestellte Radio-Volksempfänger (VE 301) kostete damals 76 Reichsmark.

Die ersten öffentlichen ›Fernsehstellen‹ wurden in den Monaten April und Mai in Betrieb genommen, so daß zunächst allein in Berlin die Möglichkeit bestand, das Programm zu verfolgen. Der ›regelmäßige Programmbetrieb‹ fand damals an drei Wochentagen (montags, mittwochs und samstags) zwischen 20.30 und 22.00 Uhr statt. Die bescheidene Sendefolge blieb jeweils für eine Woche gleich und gestaltete sich beispielsweise so:

»1. Musik, 2. Bilder der Woche, 3. Musik, 4. Kulturfilm: ›Was die Isar rauscht‹, 5. Musik, 6. Kulturfilm: ›Von der Hand für die Hand‹, 7. Musik, 8. Filmlustspiel: ›Die ideale Wohnung‹, 9. Musik.« [103]

Schon am 1. November 1934 hatte das Reichspost-Zentralamt die 22jährige Berlinerin Ursula Patzschke als Ansagerin engagiert. Der ›erste deutsche Fernsehstar‹ mußte zunächst noch in der sendefreien Zeit als ›Filmkleberin‹ arbeiten. Für ihre Auftritte vor der Kamera waren damals enorme Anstrengungen vonnöten. Die Lippen der Dame wurden tiefschwarz geschminkt, weil die Fernsehtechnik bei roter Farbe streikte, die Lider bekamen einen grünen Anstrich, und das Haar wurde mit Goldpuder bestäubt. Das Gesamtergebnis war ein »Make-up, das sehr deutlich an die Masken von Negerstämmen im tiefsten Urwald erinnert«.[104] Auch die Kleiderordnung war rigoros, starke Kontraste verboten. Als Frau Patzschke eines Tages mit schwarzem Kostüm und strahlend weißer Bluse zur Arbeit erschien, spritzten die Techniker kurzerhand alles, was vorher weiß war, in schmutzig-grau um.

Das wahre Martyrium aber begann für Deutschlands ersten ›Fernsehstar‹ vor der Kamera. Die Aufnahmetechnik ließ nämlich zu dieser Zeit nur Brustbilder von Personen zu, die in einer schalldichten, winzigen Abtastzelle von anderthalb Quadratmetern, ›Schwitzkasten‹ genannt, auftraten. Schalldicht mußte die Kabine deshalb sein, um den Lärm des Motors, der die Nipkow-Scheibe der Kamera antrieb, nicht mit zu übertragen. Außerdem war es darin völlig dunkel, denn zur Aufnahme wurden die Personen mit einem Lichtstrahl abgetastet.

Dort sagte Frau Patzschke die Sendungen an, trug gelegentlich Gedichte vor oder spielte kleine, selbstverfaßte Szenen von drei bis acht Minuten Dauer. Ursula Patzschke war im übrigen beileibe nicht die einzige, die sich solchen Torturen aussetzte. Als ›Gaststars‹ traten schon in den ersten Jahren des Fernsehens damals beliebte Schauspieler vor die Kamera, unter anderem Otto Gebühr, Paul Kemp und Johannes Heesters.

Um die Darbietungen etwas zu beleben, nahm Frau Patzschke auch schon mal ihren Hund oder ein paar Kinder mit in den ›Schwitzkasten‹. Dies war möglich geworden, nachdem die Reichspost im Sommer 1936 als dritte Fernsehkamera einen von Telefunken entwickelten Linsenkranzabtaster in Betrieb genommen hatte. Dieser gestattete erstmals Gesamtaufnahmen von bis zu sechs Personen, die sich auf einer Dunkelbühne von rund zehn Quadratmetern frei bewegen konnten. Ursula Patzschke berichtet über ihre damalige Arbeit: »Ich saß auf einem Telefonbuch, weil der Stuhl zu niedrig war. Bewegen konnte ich mich kaum, denn die Zelle war zu eng. Und nach wenigen Minuten wurde es drückend heiß. [...] Wenn ich in den Büchereien nach Vortragstexten stöberte und sagte, ich käme vom Fernsehen, erhielt ich die verblüffte Antwort: ›Wie bitte, woher kommen Sie?‹« [105]

Den Hauptprogrammbestandteil bildeten jedoch (Spiel-) Filme, die über einen sogenannten ›Filmabtaster‹ in Fernsehbilder umgewandelt wurden. Es war aber auch schon damals möglich, mit Hilfe des sogenannten ›Zwischenfilmverfahrens‹ Außenaufnahmen zu übertragen: »Das Fernsehbild wurde von einer Nipkowscheibe auf einem 35-mm-Normalfilm aufgezeichnet, sofort entwickelt und noch naß projiziert. Der ganze Prozeß dauerte 15 Sekunden. Später benutzte man ein endloses schleifenartiges Filmband, das

Der diskrete Charme des neuen Mediums – die beiden ersten Fernsehansagerinnen der Welt (rechts: Ursula Patzschke) kamen aus Berlin.

laufend mit einer lichtempfindlichen Schicht versehen, belichtet, entwickelt, projiziert und danach durch Abwaschen der verbrauchten Emulsion wieder aufnahmefähig gemacht wurde, worauf der Prozeß von neuem begann.« [106]

Das Zwischenfilmverfahren wurde erstmals am 30. April 1935 im Rahmen einer Fernsehreportage zu Demonstrationszwecken vor Radio- und Pressejournalisten auf dem Tempelhofer Feld verwendet. Die Apparatur war schon im Jahr zuvor in einen Fernsehaufnahmewagen der Reichsrundfunkgesellschaft eingebaut und erprobt worden. Diese Prozedur sollte bis zur Fertigstellung des Ikonoskops (Olympiade 1936) die einzige Möglichkeit bleiben, um live eine Fernseh-Freilichtübertragung durchzuführen.

Wie im zweiten Führererlaß vom 11. Dezember 1935 gefordert, zog sich das Reichspost-Zentralamt rasch aus dem Programmbetrieb zurück. Von nun an leitete allein die damals noch der Reichssendeleitung unterstellte Reichsrundfunkgesellschaft den ›Fernsehsender Paul Nipkow – Berlin‹. Dieser Entwicklung entsprechend übergab der Postminister in einer Feierstunde am 23. Dezember 1935 dem Propagandaminister einen neuen Fernsehsender zum Betrieb durch die Reichsrundfunkkammer. Der alte Sender war nämlich am 19. August dem Großbrand während der Funkausstellung zum Opfer gefallen. Die Inbetriebnahme des neuen Senders fand am 15. Januar 1936 statt.

Anfang 1936 bestand das rund zweistündige Abendprogramm aus folgenden Beiträgen: Es begann mit einem ›aktuellen Bildbericht‹ (meistens Ausschnitten aus der Wochenschau ›Ufa-Tonwoche‹), dann folgten ein Originalbeitrag, Einmanndarbietungen von Kleinkünstlern, ein Spielfilmausschnitt und ein Kurzfilm, oft ein ›Ufa-Kulturfilm‹.

Wegen des transitorischen Charakters der elektronischen

Produktionen und mangelnder Aufzeichnungsmöglichkeiten ist eine inhaltliche Analyse des Programms heute kaum möglich. Erschwerend kommt hinzu, daß die meisten Drehbücher und Produktionsunterlagen dieser Zeit verlorengegangen sind. Die Fernsehkritik steckte noch in ihren Kinderschuhen, und die Aufzeichnung von Sendungen mit der Filmkamera wurde wegen der unzureichenden Bildqualität nicht praktiziert.

Immerhin läßt sich feststellen, daß die scheinbar ›unpolitische Unterhaltung‹ im Fernsehen die direkte Propaganda bei weitem überwog. Inwieweit ›unpolitische Unterhaltung‹ tatsächlich unpolitisch ist, wurde bereits in den Bemerkungen über den deutschen Film erörtert (vgl. S. 41 ff.). Goebbels betrachtete zu Recht die Unterhaltung als Programmbestandteil, der immer auch ideologische Botschaften transportiert, und hielt die Zerstreuung der Bevölkerung für ›kriegswichtig‹. Die Unterhaltungsfilme im Dritten Reich, die einen großen Teil der Fernsehsendezeit einnahmen, zeichneten sich denn auch dadurch aus, daß beliebte Stars Tugenden wie Gehorsam, Schicksalsergebenheit, tapferes Ertragen von Leid und fraglose Anerkennung von Herrschaftsstrukturen vertraten.

Erwin Reiss stellte bei seiner Analyse des Programms vom Januar 1938 »rund 3/4 für die Unterhaltung, rund 1/4 für Direktpropaganda an Sendezeit-Anteil« [107] fest. Freilich handelt es sich dabei um eine Untersuchung, die methodologisch ihre Tücken hat. Reiss stützt sich nämlich ausschließlich auf die in der Zeitschrift *Der Deutsche Rundfunk* ausgedruckten Titel, Sendezeiten und Angaben über Mitwirkende und ordnet diese drei Kategorien zu: ›Unterhaltung‹, ›Direktpropaganda‹ und ›Belehrung‹. Da Aufzeichnungen der betreffenden Sendungen selbst heute nicht mehr existieren, bleibt dieses Verfahren indessen eine der wenigen praktikablen Möglichkeiten, um überhaupt eine Programmanalyse vorzunehmen.

Für den Zeitraum November/Dezember 1939, also schon im Krieg, ermittelte Reiss einen Anteil der Direktpropaganda am ›Hauptprogramm‹ von geringfügig über zehn Prozent. Im ersten Halbjahr 1940 stieg er dann wieder auf knapp 23 Prozent.[108] Auch hier also eine deutliche Parallele zur Gestaltung des Radioprogramms und der Kinoprogramme im Dritten Reich. Es ist sicher nicht zu hoch gegriffen, auf dieser Basis die Unterhaltungspropaganda als Charakteristikum des nationalsozialistischen Umgangs mit den Medien zu bezeichnen, wobei sich das Fernsehen nahtlos seinen ungleich entwickelteren Vettern, dem Film und dem Hörfunk, anglich.

Typisch war außerdem eine Verquickung von Unterhaltung und direkter Propaganda, wie zum Beispiel der Auftritt des Schauspielers Otto Gebühr am 13. Mai 1935. Dabei wurden Ausschnitte aus dem Gebühr-Film *Das Flötenkonzert von Sanssouci*[109], ein Live-Vortrag des Schauspielers, in dem er eine Ansprache Friedrichs des Großen an seine Generale zum besten gab, und Bilder der ersten Sitzung des Reichstages unter nationalsozialistischer Herrschaft kombiniert.

Fortschritte in der Programmgestaltung resultierten in der Folgezeit vor allem aus dem Einsatz von neuen Aufnahmegeräten mit größerem Blickwinkel und von ›Effektlicht‹ sowie aus der Entwicklung von Mischpulten. Die Produktionsbedingungen blieben bis zum Ende des Dritten Reiches dadurch geprägt, daß Aufzeichnungen und damit auch Schnitte unmöglich waren. Immerhin ermöglichten die Mischpulte gemeinsam mit dem Einsatz mehrerer Kameras das dramaturgische Mittel der Überblendung.

Wie weit sich damals die Studiotechnik entwickelt hatte, mag eine Beschreibung des Regieraums im Studio des

Erste Opernaufführung im Fernsehen: Am 21. März 1939 wird »Bastian und Bastienne« von Wolfgang Amadeus Mozart gegeben.

Deutschlandhauses verdeutlichen. 1939 gab es dort getrennte Arbeitsplätze für einen Spielleiter, einen Bild- und einen Tonmeister. Fünf Monitore standen zur Verfügung, wobei der mittlere das über den Sender gehende Bild zeigte und auf die übrigen wahlweise ›Previews‹ der anderen Bildgeber geschaltet werden konnten. Das Bildmischpult gestattete die Überblendung zwischen vier Kamerabildern; üblich waren damals fast ausschließlich ›weiche‹ Blenden. Mit dem Tonmischpult wurden die Signale von bis zu acht Mikrophonen, drei Plattenspielern, zwei Magnetophonen (!), dem Lichttonabnehmer der ›Filmabtaster‹ und einem ›Pausenzeichengeber‹ koordiniert. Der Regisseur konnte seine Weisungen entweder über eine akustische oder über eine optische Kommandoanlage geben, während der Bildmischer die Kameraleute über Mikrophon und Kopfhörer dirigierte. Verglichen mit modernen Fernsehstudios fehlten damals vor allem Möglichkeiten zur Bildnachbearbeitung und Trickmischer.

Auch die Sendungen von der Sommerolympiade im August 1936 brachten neben hohen Zuschauerzahlen wichtige Veränderungen. Insbesondere wurde dabei erstmals durch vollelektronische Kameras live übertragen, während in den Studios des ›Fernsehsenders Paul Nipkow‹ immerhin noch bis 1938 optisch-mechanische Abtaster zum Einsatz kamen.

Nach den erfolgreichen Sendungen von der Olympiade wagte man dann Mitte November desselben Jahres erstmals die Übertragung eines Fußball-Länderspiels aus dem Berliner Stadion. Der damalige Programmleiter des Senders und Fernsehabteilungsleiter in der Reichssendeleitung, Carl-Heinz Boese, hatte aus politischen und propagandistischen Gründen gegenüber der Reichspost auf der Übertragung insistiert. Die Live-Sendung von der Begegnung Deutschland-Italien wurde jedoch ein gewaltiger Mißerfolg. Wegen ungünstiger Wetter- und Lichtverhältnisse konnte man die Spieler nur ganz schwach und den Ball überhaupt nicht sehen. Daraufhin ordnete Reichspostminister Ohnesorge an, »daß Freilichtsendungen, von denen angenommen werden kann, daß sie infolge schlechter Wetterlage nur mangelhaft durch den Empfänger wiedergegeben werden, nicht mehr übertragen werden.« [110]

Gleichwohl kam es am 26. November 1939 zur demonstrativen Neuauflage der Fernseh-Liveübertragung eines Fußball-Länderspiels zwischen Deutschland und Italien. Dabei wurde die neue ›Superikonoskop-Kamera‹ eingesetzt, die »trotz Regen, Schnee und starker Bewölkung selbst nach Sonnenuntergang noch befriedigend« [111] arbeitete. Seltsamerweise wird diese zweite (erfolgreiche) Sendung im überwiegenden Teil der Fachliteratur als erste Fußball-Direktübertragung überhaupt bezeichnet. Nach der ebenfalls gelungenen Fernseh-Reportage vom Länderspiel Deutschland-Ungarn wurden seit 1940 auch mehrfach Live-Sendungen von den Spielen um die deutsche Fußballmeisterschaft ausgestrahlt.

Der Nürnberger Reichsparteitag der NSDAP vom 6. bis zum 13. September 1937 war Anlaß für einen ersten Live-Versuch mit der politischen Fernsehpropaganda. Bereits anläßlich des Reichsparteitages im September 1936 hatte es eine ausführliche Fernsehberichterstattung gegeben. Weil das Breitbandkabel zwischen Berlin und Nürnberg damals noch nicht fertiggestellt worden war, wurden alle Szenen auf Film festgehalten, sofort per Sonderflugzeug nach Berlin gebracht, dort entwickelt, kopiert, geschnitten und täglich ab 18 Uhr ausgestrahlt.

Nun übermittelten zwei der schon bei den Olympischen Spielen erprobten elektronischen Kameras und ein Zwischenfilm-Wagen ihre Aufnahmen über das Breitbandkabelnetz nach Berlin, wo der ›Sender Paul Nipkow‹ diese direkt ausstrahlte. Mit dem propagandistischen Effekt in den Fernsehstuben waren die Verantwortlichen recht zufrieden, auch wenn Reichsintendant Glasmeier bemängelte, daß der »unmittelbare Einsatz des Herzens« [112] bei vielen der an den Übertragungen Beteiligten zu vermissen war.

Bereits Anfang 1937 hatte die Berliner Rundfunkpresse damit begonnen, die Programme des ›Fernsehsenders Paul Nipkow – Berlin‹ abzudrucken. Damals kamen kurze Fernsehspiele von fünf bis acht Minuten Dauer in Mode. Kurt Wagenführ, einer der ersten deutschen Fernsehkritiker, schrieb über die Programmgestalter:

»Sie lebten wie auf einer Art Insel. Dem stellvertretenden Reichssendeleiter Carl-Heinz Böse [muß heißen: Boese; H.Z.] war der Fernsehdienst unterstellt worden. Er war Filmkameramann, politisch stur-zuverlässig und mit anderen Aufgaben so beschäftigt, daß er nicht genügend Zeit hatte, in den Versuchsbetrieb einzugreifen. So konnte kein Schaden entstehen; im Gegenteil: die Fernsehleute genossen eine Art Narrenfreiheit für das Experiment. Sie setzten sich zum Teil aus Männern zusammen, die dem Hörrundfunk nicht besonders angenehm, aber nicht direkt abzuschieben (man sagte damals ›abzuschießen‹) waren«.[113]

Zu ihnen zählte auch Arnolt Bronnen (1895-1959), einer der Bühnenavantgardisten im Berlin der zwanziger Jahre, der 1929 politisch von der Linken zur äußersten Rechten überwechselte, nach 1945 Kommunist wurde und als Theaterkritiker in Ost-Berlin arbeitete. Der stets heftig umstrittene Autor, Regisseur, Dramaturg und einstige enge Freund Bertolt Brechts war durch Theaterskandale und extravagante Hörspiele bekannt geworden. Nun zum Fernsehen abgeschoben, bemühte er sich um die Umsetzung seiner dramaturgischen Konzepte auch in diesem Medium, wenn auch zunächst ohne großen Erfolg: »Ich drängte dazu, auch Szenen wiederzugeben, aber die Technik erklärte beharrlich, das sei unmöglich. Versuche, die ich trotzdem durchführte, mißlangen. Man sah bei allen Duoszenen den bekannten Negerkampf im Tunnel. Man sah nichts.«[114]

Ende November 1937 bezog die Studiotechnik des ›Fernsehsenders Paul Nipkow‹ neue Räumlichkeiten im Charlottenburger Deutschlandhaus, Adolf-Hitler-Platz 7-11 (heute Theodor-Heuss-Platz). Seit dem 1. November 1938 wurde dann der regelmäßige Programmbetrieb im 300 Quadratmeter großen Studio des Deutschlandhauses realisiert. Zur Eröffnung wurde das Fernsehspiel *Das Flaschenteufelchen* nach einer Novelle von Robert Louis Stevenson gesendet. Viele andere folgten:

»Ich drängte darauf, auch Szenen wiederzugeben« — Arnolt Bronnen (2.v.l.), Rio Gebhardt (3.v.l.) und der Schauspieler Werner Gille (2.v.r.) bei einer Besprechung im Regieraum des Senders »Paul Nipkow« (20. Januar 1938).

»Die Dekorationen waren im Kreise aufgebaut, gleich einer Drehbühne, mit der Kamera in der Mitte. Wie oft haben wir die Kabel verheddert! Trotzdem sind hier mehr als hundert Sendespiele uraufgeführt worden. Die meisten habe ich gesehen, und ich muß sagen, daß gerade die beschränkten Mittel zu einer künstlerischen Konzentration gezwungen haben, die heute noch beispielgebend sein könnte.« [115]

Diese schon damals ›Fernsehspiele‹ genannten Inszenierungen beruhten zumeist auf literarischen, dramatischen oder Hörspiel-Vorlagen und stammten fast ausschließlich aus dem komischen Fach; Komödien, Lustspiele und Schwänke also. Ihre dramaturgischen Konzepte waren wenig originell und folgten fast immer der Guckkastenbühne, wobei die stationäre Kamera die Position eines imaginären Zuschauers im Parkett einnahm. »Gespielt wurde bis 1940 auf einem Podest, damit die Fernsehinszenierungen möglichst bühnenmäßig aussahen.«[116]

Das weitgehende Fehlen fernsehspezifischer Dramaturgiekonzepte erwies sich auch an der starken Wortlastigkeit. »Dialogstücke, die allein auf der Aussage des Wortes basierten, ohne eine optische Bedeutung (Gänge, figürliche Darbietung)«[117] zu haben, überwogen. Die Produktionen wurden fast immer mehrfach wiederholt, mitunter bis zu 25mal, wobei sie wegen der technischen Gegebenheiten wie im Theater stets aufs neue gespielt werden mußten.

Neben Fernsehspielen und musikalischer Unterhaltung bestand das Programm aus Spielfilmen, die nicht selten auf Fassungen von 20 bis 25 Minuten Dauer verkürzt und in sehr kurzen Abständen wiederholt wurden. Damals gab es keine Fernsehnachrichten. Eine tägliche Reihe mit dem Titel *Zeitdienst* hatte eher den Charakter einer Magazinsendung. Nach Ansicht des Ministerialrats im Reichpostministerium Friedrich Gladenbeck war auf diesem Gebiet noch vieles zu verbessern: »Das Haupterfordernis für den Fernsehsender ist also immer wieder: Höchste Aktualität! [...] Wie bei der Wochenschau, muß einen wesentlichen Darstellungsgegenstand das innenpolitische Geschehen bieten, und es gibt sich für das kommende Fernsehen eine Einwirkungsmöglichkeit der Führung auf das Volk, die von unvorstellbarer Kraft sein wird.«[118]

Zu den genuinen Innovationen des nationalsozialistischen Fernsehens zählte auch ein Programm, das sich noch in der Bundesrepublik Deutschland einer großen Beliebtheit erfreuen sollte: Fritz Schwiegk sprach unter dem Sendetitel *Die Kriminalpolizei warnt* mit der Polizei über Kriminalfälle, zeigte Steckbriefe sowie am Tatort gefundene Beweisstücke und forderte seine Zuschauer auf, die Beamten bei der Klärung der Verbrechen zu unterstützen.

Mit dem Rennwagen im Fernsehstudio (17. Februar 1939) – Mercedes-Rennleiter Neubauer, Rudolf Caracciola und Fernsehsprecher Hugo Mureno (v.l.).

»Das Fernsehen [ist] offiziell in die Reihe jener Fahndungsmittel eingereiht worden, die die Polizei zu benutzen pflegt. Hoffen wir, daß es auch in Zukunft noch oft mithelfen darf, der Gerechtigkeit zum Siege zu verhelfen.«[119]

Andere Genres, die heute bedeutende Programmbestandteile sind, wie Musik-, Sport- und Tiersendungen, wurden damals für das Fernsehen entdeckt und breit variiert. Von Leibesübungen zum Mitmachen (›Körperschulung für die Frau‹, ›Rundfunkgymnastik – ferngesehen‹) bis zur Sportberichterstattung – Schwerpunkte bildeten die von den Nationalsozialisten besonders geschätzten und geförderten Sportarten Reiten und Segelfliegen – wurden zahlreiche Sendekonzepte erprobt. Der Körperkult feierte Triumphe und wurde gefällig mit Unterhaltung und Wehrertüchtigung kombiniert. Außerdem wurde ins Studio geholt, was da kreuchte und fleuchte: Elefanten, Kamele, Zebras, Lamas, Affen und Papageien. Auch eine erste ›Talk-Show‹ ging über den Sender. Im Mai 1939 diskutierten prominente Schauspieler über die Frage: »Küssen Sie auch auf der Bühne wirklich?« [120]

Insgesamt ließ Intendant Herbert Engler (1939-1944 im Amt) das Programm nach pragmatischen Grundsätzen gestalten: »Für die dramaturgischen Erfordernisse bleibt einzig und allein der Wert der heutigen Zeit bestimmend. [...] Das rein formalistische Können muß selbstverständlich vorausgesetzt werden. Dieses rein formalistische Können ist aber nur das Ergebnis des Lernens bzw. der Erfahrung. Dazu ist es nicht erforderlich, irgendwelche bis ins einzelne gehenden Untersuchungen über dramaturgische Gesetze anzustellen«. [121]

Noch am 11. August 1939 übertrug der Sender via Fernseh-Reportagewagen einen Boxkampf aus dem Berliner Sportpalast (Heuser versus Preciso). Keine zwei Wochen später, am 24. August 1939, wurde auf Weisung des Oberkommandos der Wehrmacht der Betrieb des ›Fernsehsenders Paul Nipkow – Berlin‹ eingestellt, da seine Sendefrequenz für ein Leitstrahlverfahren der Luftwaffe benötigt wurde. Am 12. November desselben Jahres wurde der Betrieb jedoch wieder aufgenommen; bis zur Zuteilung einer UKW-Ausweichfrequenz wurde der Sendebetrieb über Kabel abgewickelt. Reichspostminister Ohnesorge hatte angeordnet, »daß der Fernseh-Rundfunk trotz der Kriegslage weitergeführt werden soll, um Deutschland [...] auf diesem Gebiet [...] für kommende Zeiten wettbewerbsfähig zu halten«. [122]

In den Reihen der Industrie konnte man deshalb bald darauf erleichtert feststellen:

»Während in anderen kriegführenden Ländern der Fernsehbetrieb mit Kriegsbeginn eingestellt wurde, läuft in Deutschland der Versuchsbetrieb des Fernsehens nicht nur wie bisher ungestört weiter, sondern es wurde außerdem eine Erweiterung der Sendeeinrichtungen vorgenommen, um das Fernsehen in den Dienst der Verwundetenbetreuung zu stellen«.[123]

Tatsächlich änderte sich für den Zuschauer durch den Ausbruch des Krieges vorerst wenig, mit einer wichtigen Ausnahme: Der schon seit Jahren versprochene, seriengefertigte Heimempfänger wurde einmal mehr aufgeschoben — nur diesmal endgültig. Die öffentlichen Fernsehstuben wurden nur langsam wieder in Betrieb genommen, und die Übertragungen auf den Spätnachmittag und frühen Abend verschoben, weil Sender und Leitungen für die Luftaufklärung benötigt wurden.

1940, im zweiten Kriegsjahr, mietete die Post einen Konzertsaal in der Berliner Linkstraße und baute diesen zu einem repräsentativen ›Fernsehtheater‹ aus. Zusammen mit den beiden bereits 1935 und 1936 eingerichteten ›Großbildstellen‹ standen nun drei große Fernsehstuben zur Verfügung, die insgesamt rund 620 Zuschauern Platz boten. Am 10. Januar 1942 stellte die Post das Fernsehtheater in der Linkstraße für die Truppenbetreuung zur Verfügung. In dieser Zeit wurden viele Empfänger aus den Fernsehstuben abgezogen und in Lazaretten sowie Truppenunterkünften im Raum Berlin installiert. Bereits Ende 1942 waren fast alle ›Fernsehstellen‹ zugunsten einer intensiveren Verwundetenbetreuung geschlossen worden. Mitte 1943 gab es in vierzig Berliner Lazaretten Fernsehempfangsgeräte. Ihre Funktion war schon ein Jahr zuvor in einer Programmzeitschrift prägnant definiert worden: »Eines aber unter allen Kulturinstituten der Gegenwart, das jüngste und auf der ganzen Welt zur Zeit einzig dastehende, gehört ausschließlich denen, die in den

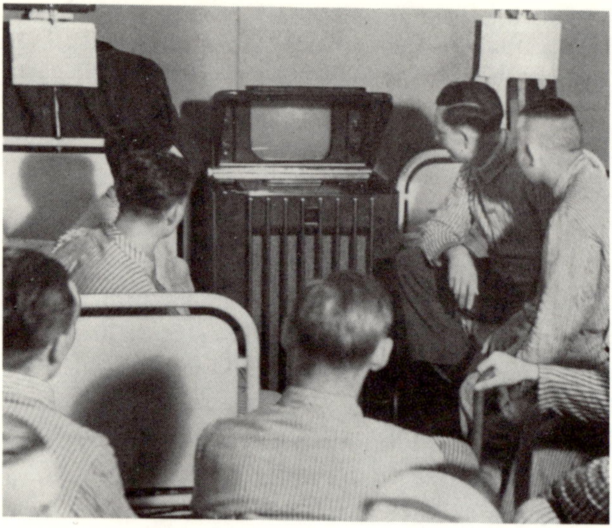

»Die beste Pflege für unsere Verwundeten« (Original-Bildtext) – Lazarettfernsehen im November 1941.

Lazaretten der Reichshauptstadt ihr Soldatendasein für eine Weile unterbrechen oder für immer aufgeben müssen.« [124]

Fernsehen also als Rekonvaleszenzmittel, um Verwundete wieder kriegstauglich zu machen. Entsprechend diesen Aufgaben war auch eine neue Programmform entwickelt worden: Unter dem Titel *Wir senden Frohsinn – wir spenden Freude* übertrug man bunte, rund zweistündige Veranstaltungen für Verwundete und Soldaten aus dem Kuppelsaal des Reichssportfeldes, und zwar vor bis zu 2000 Soldaten, die das ›Saalpublikum‹ bildeten. An der Eröffnungsveranstaltung am 24. März nahmen so prominente Künstler wie Marika Rökk, Grethe Weiser und Else Elster teil.

Die Reihe lief mit Unterbrechungen von März 1941 bis ins Jahr 1944, ein- bis zweimal wöchentlich als eine Art Fernseh-

Fernsehen Anno 1940 – seichte Unterhaltung im zweiten Kriegsjahr. Das Fernsehen beobachtet die Sängerin und Schauspielerin Lizzi Waldmüller bei Dreharbeiten zum Film »Traummusik«.

pendant zum *Wunschkonzert* des Radios. Zu den wichtigsten Programmbestandteilen zählten Kabarett, Tanz, Musik, Akrobatik, Operettenquerschnitte und Sport. Am 12. März 1943, gut einen Monat nach der vernichtenden Niederlage der deutschen Wehrmacht in Stalingrad, wurde mit großem Aufwand die hundertste Sendung von *Wir senden Frohsinn – wir spenden Freude* gefeiert.

So dominierte also Unterhaltung das Programm in den Kriegsjahren; direkte Propaganda hingegen war im Fernsehen selten und trat vor allem zu den wiederkehrenden Anlässen in Erscheinung, die die Partei für sich besetzt hatte (Tag der Machtergreifung, Gründung der NSDAP, Führers Geburtstag, Erntedank und Eröffnung des Winterhilfswerks). Massive Indoktrination war ansonsten nur noch in den ausgestrahlten Wochenschauen anzutreffen. Analog zum Film war für die Zeitschrift *Nationalsozialistische Rundfunk-Korrespondenz* »die wichtigste Darbietung im Fernsehsender [...] heute die Wochenschau, die in packenden Szenen das an der Front abrollende Geschehen veranschaulicht und uns wie ein Sturm mitreißt. Sie zeigt das harte Handwerk des Soldaten, den Siegeswillen unserer Truppen und die entsetzlichen Folgen des von verantwortungslosen Geldsackanbetern entfesselten Krieges«.[125]

Am 26. November 1943 wurde der letzte Fernsehsender Berlins (auf dem Amerikahaus) durch Brandbomben zerstört. Seither konnte das Programm nur noch über das Berliner Drahtfunknetz verbreitet werden. Das Ende des Fernsehens im nationalsozialistischen Deutschland kam im Winter 1944, als die Studios im Deutschlandhaus für die (nomen est omen) Mars-Filmgesellschaft geräumt werden mußten, die dort ›kriegswichtige‹ Kurzfilme herstellen sollte.

Die täglichen Zuschauerzahlen für das Programm des ›Fernsehsenders Paul Nipkow – Berlin‹ zwischen 1939 und 1944 schätzt der renommierte Rundfunkhistoriker Winfried Lerg auf rund 1500 bis 2000.[126] Er führt an, daß bei Behörden und Privatleuten sowie in Lazaretten und Truppenunterkünften insgesamt etwa 300 Empfänger standen. Weitere 200 Geräte soll es noch einmal im Bereich der Industrie gegeben haben. Unter Einbeziehung der Fernsehstuben und ›Großbildstellen‹ kommt Lerg auf die genannte Zahl.[127] Danach war das Fernsehen im Dritten Reich keinesfalls massenwirksam, aber es kann auch nicht von einem »Medium ohne Publikum« die Rede sein.

Die Olympischen Spiele von 1936

»Da so etwas wie Fernsehen noch nie dagewesen war, hatten die entscheidenden Herren auch keine Vorstellung von dem, was wir wohl brauchten. Hauptsache war für sie, wir störten nicht.«

Walter Bruch, Kameramann an der ›Fernsehkanone‹

Das wichtigste propagandistische Ziel der Fernsehübertragungen von den XI. Olympischen Sommerspielen in Berlin vom 1. bis 16. August 1936 war eine Demonstration der Leistungsfähigkeit des nationalsozialistischen Staates, sowohl nach innen als auch nach außen. Riesige Scheinwerfer und sorgsam in Szene gesetzte Menschenmassen sollten ganz im Sinne der gigantomanischen und einschüchternden Propagandaästhetik der Nationalsozialisten für eine martialische Manifestation der Macht sorgen.

Zugleich war dieses Ereignis ein erstes multimediales Schaustück. Leni Riefenstahl drehte kilometerweise Film für ihr zweiteiliges Olympia-Panoptikum *Fest der Völker* und *Fest der Schönheit*, während das Radio mit einer ›40-Länder-Zentrale‹ und mehr als 350 Mikrophonen vor Ort den totalen Einsatz probte. Die eigentliche Sensation aber waren die Übertragungen des Fernsehens, zum ersten Male live und publikumswirksam.

Entsprechend forsch tönte es am 1. August 1936 auch aus dem Berliner Fernsehsender:

»Achtung, Achtung! Hier ist der ›Fernsehsender Paul Nipkow‹, Berlin, mit Ton auf Welle 7,06 Meter und mit Bild auf Welle 6,77 Meter, mit der Olympia-Sondersendung. Es senden gemeinsam die Deutsche Reichspost, die deutsche Fernseh-Industrie und der Fernseh-Programmbetrieb direktes Übertragen der wichtigsten

Kampfphasen von den Olympischen Kampfstätten und in Abwechslung Darbietungen erster deutscher Künstler mit Tonfilmen der Film-Industrie und des aktuellen Bilddienstes des Fernsehsenders ›Paul Nipkow‹, Berlin.« [128]

Im Abspann bezeichnete Studiosprecher Graebke diese direkte Fernsehübertragung sogar als »gewaltigstes Ereignis in der Welt«. Ein derart großer fernsehtechnischer Aufwand war in Deutschland für eine Veranstaltung tatsächlich noch nie getrieben worden: »Im Auftrag der Reichspost entwikkelten die Firmen Telefunken, AEG und Daimler-Benz den ersten fahrbaren 10-kW-Sender, bestehend aus 14 Fahrzeugen, die allein 250000 Reichsmark kosteten. Die technische Einrichtung wurde mit 1,1 Milionen [muß heißen: Millionen; H.Z.] Reichsmark bezahlt. Betreut wurde der ›Zug‹ von 14 Fahrern und 15 Technikern.« [129]

Insgesamt drei nagelneue, vollelektronische Kameras kamen auf dem Reichssportfeld zum Einsatz. Das unter großem Zeitdruck gerade rechtzeitig zu den Spielen fertiggestellte, schwenkbare ›Ikonoskop‹ von Telefunken, genannt ›Fernsehkanone‹, war direkt unter der Ehrentribüne plaziert und wurde von Walter Bruch bedient. Zudem war eine Kamera der Fernseh AG über dem Marathontor in Betrieb, die nach dem Prinzip des Amerikaners Philo T. Farnsworth arbeitete. Dort war auch der neue Zwischenfilmabtaster-Wagen der Fernseh AG postiert.

Außerdem hatte das Reichspost-Zentralamt am olympischen Schwimmstadion eine selbstentwickelte elektronische Kamera aufgebaut. Alle Bildaufnahmestationen waren per Breitbandkabel mit dem Sender in der Rognitzstraße verbunden, wo ihre Bilder wahlweise ausgestrahlt werden konnten. Weil die verschiedenen Kamerasysteme noch nicht synchronisiert waren, mußten zwischen den einzelnen Übertragungen kurze Umschaltpausen eingelegt werden.

Olympiade 1936 – die »Fernsehkanone« des Senders »Paul Nipkow« im Einsatz auf dem »Reichssportfeld«.

Die Grenzen des ›Schwitzkastens‹ waren endlich gesprengt. In weißen Kitteln schwenkten die Kameraleute in den folgenden Tagen ihre Linsen über das Stadion. Doch selbst das war in jenen Pioniertagen der Fernseh-Livereportage gar nicht so leicht:

»Unsere Fernseh›kamera‹ war eine für den damaligen Stand der Technik fabelhafte Leistung [...]. Ihr größtes Objektiv [...] hatte eine Brennweite von 1,5 m [...]; sein Durchmesser war 40 cm! Der Wechsel der Objektive mußte schnell vor sich gehen. Wir hatten noch keine Revolver-Optik, wie heutzutage. Es hieß daher, in Minutenschnelle drei Objektive (für Nah-, Mittel- und Fernaufnahmen) auszuwechseln. Um das 50 Kilo schwere Riesenobjektiv zu wechseln, waren zwei Mann notwendig.« [130]

Problematisch war nicht nur die technische, sondern auch die dramaturgische Seite der Übertragungen. Da es für derartige Live-Sendungen nur erprobte Vorbilder aus dem Hörfunkbereich gab, dominierte der Kommentar des Sprechers den szenischen Ablauf – und nicht etwa das Kamerabild. »Die Kamera hatte jeweils dem Ansager zu folgen. Ich hatte zu diesem Zweck einen Kopfhörer um, durch den ich die Sendung hörte, obwohl der Berichter dicht neben mir stand« [131], berichtet Walter Bruch.

Es kam vor, daß die Kommentatoren hingerissen irgendwelche Vorgänge schilderten, die für den Kameramann im toten Winkel lagen. Das fehlende oder falsche Bild war keine Seltenheit, denn den Sprechern stand (heute undenkbar) kein Monitor zur Verfügung, was sich ab und an in lautstarken Auseinandersetzungen zwischen Kamera und Ton ausdrückte: »So kam eines Tages eine Anweisung aus dem Propagandaministerium, der Kameramann unten vor der Ehrentribüne solle gefälligst sein lästerliches Fluchen lassen und sich eines besseren Tons befleißigen, denn das käme ja alles über das Mikrofon in die Sendung hinein!« [132]

Gesendet wurde täglich von 10 bis 12 Uhr und von 15 bis 19 Uhr. Am Abend zwischen 20 und 22 Uhr wurden noch einmal die Höhepunkte vorgeführt, was aus den bereits mehrfach erwähnten technischen Gründen auf die Aufnahmen nach dem Zwischenfilmverfahren beschränkt blieb.

Die täglichen Übertragungen aus dem Olympiastadion konnten in insgesamt 25 Berliner Fernsehstuben[133] verfolgt werden. Die Reichsrundfunkgesellschaft gab bekannt, daß man dort während der Spiele 162 228 Zuschauer gezählt habe. Die Vorführungen gewannen vor allem deshalb rasch eine außerordentliche Beliebtheit, weil das Publikum bemerkte, daß durch die technischen Möglichkeiten des Mediums (mehrere, dem jeweiligen Geschehen nahe Kameras und Teleobjektive) in den Fernsehstuben mitunter direktere Eindrücke von den Wettkämpfen gewonnen werden konnten als im riesigen Stadion. Manchmal war es deshalb schwieriger, für ein bestimmtes Sportereignis einen Platz in der Fernsehstube zu bekommen als für die betreffende Veranstaltung selbst.

Zwar waren die 180-Zeilen-Übertragungen noch immer weit von einer heutigen Ansprüchen genügenden Bildqualität entfernt, doch der Live-Charakter der Sendungen entfachte Begeisterung. So freuten sich die Fernsehexperten der Reichspost darüber, »daß die Übertragungen wirkliche Bilder zeigten, die oft sehr starke Eindrücke auslösten, besonders dann, wenn es sich um kontrastreiche Aufnahmen handelte, wie beispielsweise die Entzündung des Olympischen Feuers«.[134]

Doch nur in wenigen Fällen waren die gesendeten Szenen allein aussagekräftig genug, weshalb die Zuschauer, wollten sie dem Geschehen folgen, auf die Kommentare der »bewährten Sprecher der Reichsrundfunkgesellschaft« angewiesen waren. Zum Einsatz kam etwa Wulf Bley, der schon mit seiner Radioreportage vom Fackelzug der Anhänger Hitlers am 30. Januar 1933 ein Stück nationalsozialistischer Rundfunkgeschichte geschrieben hatte. Auf diese Weise wurde ihre Aufmerksamkeit auf das Wesentliche gelenkt, was die Deutung der übertragenen Bilder sehr erleichterte.

Das starke Zuschauerinteresse, welches das neue Medium während der Olympiade gefunden hatte, blieb allerdings auf diese Zeit beschränkt. Die Erfahrungen im Berlin des Jahres 1936 und die Entwicklung der 441-Zeilen-Norm ermutigten die Reichspost immerhin dazu, die Exklusivrechte für alle Fernsehübertragungen von der XII. Olympiade in Helsinki zu beantragen, die ihr die finnische Regierung auch tatsächlich überließ. Den Hintergrund dieser Bewerbung illustriert ein Brief des Reichspostministers Ohnesorge an Propagandaminister Goebbels vom 2. September 1939:

»Der außerordentlich hohe Stand der deutschen Fernsehtechnik veranlaßt mich, der Welt einmal zu zeigen, was die Deutsche Reichspost und damit Deutschland auf diesem Gebiet geleistet hat. Ich verfolge damit mehrere Ziele. Einmal eine wirksame Propaganda für Deutschland, daneben hoffe ich aber auch, der deutschen Fernsehindustrie neue devisenbringende Absatzmärkte zu erschließen und gleichzeitig das deutsche 441-Zeilen-System führend durchzusetzen gegen englische und amerikanische Konkurrenz. [...] Ich verspreche mir gerade von diesem Vorhaben [der Übertragung der Olympischen Spiele in Helsinki; H.Z.] einen ganz besonderen Erfolg. Als ich erfuhr, daß die Engländer mit einem gleichen Angebot an das Finnische Olympische Komitee herangetreten sind, galt es, möglichst schnell mit Finnland zu einem Abkommen zu gelangen.« [135]

Im Jahre 1940 sollte es indessen statt einer Olympiade einen Weltkrieg geben, der gerade in sein zweites Jahr ging.

Europäisches Fernsehen aus dem besetzten Paris

»Bis zur Invasion lief hier ein friedensmäßiges Fernsehen ab.«

Walter Bruch, 1967

Das nationalsozialistische Deutschland besetzte aufgrund des am 22. Juni 1940 getroffenen Waffenstillstandsabkommens von Compiègne drei Fünftel des französischen Staatsgebietes. Mit der Hauptstadt Paris fiel den deutschen Truppen auch der französische Fernsehsender unweit des Eiffelturms in die Hände. Dieser war damals mit seinen dreißig Kilowatt Leistung der stärkste der Welt. Er konnte sogar noch an der südenglischen Küste empfangen werden.

Bald schon entstand der Gedanke, in Paris einen deutschen Fernsehdienst zur Truppenbetreuung einzurichten. Hintergrund dafür war das Bestreben, in einem ›nationalsozialistischen Europa‹ auch ein technisch auf deutschen Normen basierendes Fernsehen einzuführen, erstreckte sich das vom Deutschen Reich beherrschte Gebiet im Juli 1940 doch schon vom Nordkap bis zur spanischen Grenze. Bisher war allerdings auf dem europäischen Kontinent nur das faschistische Italien bei der Einführung der 441-Zeilen-Norm gefolgt.

Hinter den deutschen Plänen stand nicht nur eine propagandistische Absicht, sondern auch ein handfestes Interesse der Industrie. Hätte nämlich die hiesige Fernsehnorm europaweit Gültigkeit erlangt, so wäre – nach dem erhofften ›Endsieg‹ der deutschen Truppen – den Geräteproduzenten auf Jahrzehnte hinaus ein riesiger Markt offengestanden.

Für diese Sichtweise spricht auch ein Aktenvermerk des Reichspostministers Wilhelm Ohnesorge vom Februar 1942, in dem es heißt:

»Aus folgenden Gründen ist es wichtig, noch während des Krieges Einfluß auf dem Fernsehgebiet in ganz Europa zu bekommen: 1. Durchsetzung der deutschen Norm als europäische Norm. Dies ist praktisch um so leichter, je früher wir Einfluß gewinnen und je weniger andere Apparate vorher ins Land kommen. 2. Bildung eines Kristallisationspunktes des Fernsehens in allen Ländern, an die sich Länderverwaltungen selbstverständlich und bequem wenden können, wenn später die Möglichkeit des Aufbaus von Fernsehanlagen wieder gegeben ist.« [136]

Im August 1942 war der Wiederaufbau des von den französischen Truppen beim Abrücken teilweise zerstörten Pariser Senders beendet. Danach wurden die Studios im ehemaligen Vergnügungsetablissement ›Magic City‹ eingerichtet. Hier kamen unter anderem die Kameras zum Einsatz, die Telefunken und die Fernseh AG für den Einsatz bei den wegen des Krieges abgesagten Olympischen Spielen von Helsinki im Sommer 1940 gebaut hatten.

Federführend bei den Aufbauarbeiten war der aus sechs bis acht Mann bestehende uniformierte ›Funkeinsatztrupp 60‹, der aus Mitgliedern der Reichspost-Forschungsanstalt und der Reichsrundfunkgesellschaft gebildet worden war. Dazu kamen noch etwa zwölf bis vierzehn deutsche und achtzig französische Spezialkräfte der ›Radio Diffusion Française‹.

Ab Juni 1943 wurde von der Reichsrundfunkgesellschaft täglich ein rund achtstündiges Fernsehprogramm aus dem besetzten Paris gesendet, für dessen Produktion über 300 festangestellte Mitarbeiter verschiedener Nationalität unter der Leitung von Intendant Hinzmann zuständig waren. Allein um die technische Seite der Übertragungen des Pariser Senders kümmerten sich rund 90 Mitarbeiter der ›Reichspost-Fernsehgesellschaft mbH‹.

In den Lazaretten und Truppenunterkünften rund um die französische Hauptstadt waren annähernd 200 Empfänger aufgestellt worden, außerdem existierten in Paris nach Schätzungen noch etwa 800 bis 1000 Privatempfänger. Jenseits des Kanals gab es dann noch eine andere Gruppe von Zuschauern: Angehörige des englischen Secret Service verfolgten gespannt die Berichte von den Treffern, die die alliierten Bomber in der Nacht zuvor erzielt hatten.

Übertragen wurden Kultursendungen, bunte Nachmittage, Kinderstunden, Varietévorführungen, Ballett, Spielfilme und Wochenschauen, wobei viele Sendungen auch auf französisch liefen. Die Reichsrundfunkgesellschaft und die Propagandaabteilung der Wehrmachtkommandantur Paris bestritten gemeinsam die Kosten des Senders. Als jedoch mit fortschreitendem Verlauf des Krieges die Geldmittel aus Deutschland immer spärlicher flossen, wurde der größte Teil der technischen Studioeinrichtung der ›Radio Diffusion Française‹ übereignet. Am 6. Juni 1944 begann die Landung englischer und amerikanischer Truppen an der Küste der Normandie. »Auch nach dem Einzug der Alliierten am 6. Juni 1944 setzte der Fernsehsender Paris unbekümmert sein Programm fort. Alle Beteiligten ignorierten den absurden Befehl, die gesamte Anlage in die Luft zu sprengen.« [137] Der Pariser Sender arbeitete noch bis zum 18. August 1944. Zwei Tage später verließ das gesamte deutsche Personal die französische Hauptstadt.

Interessant ist in diesem Zusammenhang die überaus positive Einschätzung des Pariser Sendebetriebs durch die exponiertesten Fernsehchronisten der Nachkriegszeit. Goebel betont die »friedliche und freundschaftliche Basis« [138] dieses Unternehmens. Bruch meint: »Bis zur Invasion lief hier ein friedensmäßiges Fernsehen ab« [139], und Keller beschwört gar die »beispielhafte Eintracht« und die »äußerst fruchtbare Zusammenarbeit« [140] der an diesem Projekt Beteiligten. Alles in allem recht merkwürdige Interpretationen der Tatsache, daß in einem okkupierten Land deutsche (Unterhaltungs-)Propaganda produziert und ausgestrahlt wurde.

Ein weiteres Beispiel für die unkritische bzw. unreflektierte Übernahme nationalsozialistischer Sichtweisen durch die Fachliteratur der Nachkriegszeit beinhaltet der folgende Exkurs.

Die Nipkow-Story

»Zum Sehen geboren, Zum Schauen bestellt,
Dem Turme geschworen, Gefällt mir die Welt.«

Goethe-Zitat auf der Urkunde vom 29. Mai 1935, mit der die Reichsrundfunkkammer Paul Nipkow einen Telefunken-Empfänger übereignete

Nachdem sich das Fernsehen Mitte der dreißiger Jahre, nicht zuletzt wegen der geringen Zuschauerzahlen, für die direkte nationalsozialistische Massenpropaganda als nahezu unbrauchbar erwiesen hatte, kam es nicht etwa zu einem Rückzug der Parteistrategen aus diesem Gebiet, sondern zu einer Verlagerung der Aktivitäten. Konnte man schon nicht das Medium selbst für ideologische Ziele einspannen, so galt es, wenigstens die Fernsehgeschichte für die eigenen Zwecke zu annektieren.

Der Umgang der Nationalsozialisten mit dem greisen Fernsehpionier Paul Nipkow ist hierbei ein besonders aussagekräftiges Lehrstück für propagandistische Vereinnahmung, bei dem mehr als lässig mit der historischen Wahrheit und höchst effizient mit den Mitteln der politischen Inszenierung und Legendenbildung gearbeitet wurde.

Zur Erinnerung: Paul Nipkow hatte, auf den Ideen von Alexander Bain und anderen fußend, im Jahre 1884 ein Fernsehpatent erworben, welches das Verfahren zur zeilenweisen Zerlegung einer Bildvorlage deutlich verbesserte: die sogenannte Nipkow-Scheibe. Vor Mitte der dreißiger Jahre bediente sich das Fernsehen hauptsächlich dieses Prinzips, bis es schließlich durch die vollelektronische Übertragung abgelöst wurde. Die Nipkow-Scheibe war also nicht nur ein Fortschritt, sondern zugleich auch eine technische Sackgasse gewesen, wobei erst nach ihrer Überwindung die Weichen für ein qualitativ zumutbares Fernsehen gestellt waren.

Die Nationalsozialisten stilisierten nun Nipkow zur ›Ikone‹ der Fernsehgeschichte, schrieben ihm allein das Verdienst für seine Entdeckung zu und machten somit das neue Medium zur rein deutschen Erfindung eines ›arisch rassereinen‹ Forschers. Es begann mit einem Telegramm des Präsidenten der Reichsrundfunkkammer vom 1. Mai 1935, in dem dieser Nipkow zum Ehrenpräsidenten der Fernsehgemeinschaft ernannte. Andere Auszeichnungen folgten.

Die Johann-Wolfgang-Goethe-Universität zu Frankfurt am Main verlieh ihm am 22. August 1935 die Ehrendoktorwürde der Naturwissenschaften, wozu der Frankfurter Oberbürgermeister mit »sechs Flaschen edlen Rheinweins« gratulierte. Seine Geburtsstadt Lauenburg in Pommern machte ihn zum Ehrenbürger. Sogar eine ›Ehrenrente‹ für Nipkow von monatlich 400 Reichsmark war den Nationalsozialisten ihre Verklärungskampagne wert.

Am 29. Mai 1935 wurde im Rahmen des ersten deutschen Fernsehkongresses im Haus des Rundfunks eine Ehrentafel für Paul Nipkow enthüllt. Anschließend taufte Eugen Hadamovsky in Anwesenheit des 75jährigen Fernsehpioniers einen Filmgeber der Reichsrundfunkgesellschaft auf den Namen ›Fernsehsender Paul Nipkow‹. Dieser Name ging später auf den gesamten Programmdienst des Senders über. Nipkow erhielt zu diesem Anlaß »in Anerkennung seiner genialen und bahnbrechenden Erfindung«[141], wie es in der Schenkungsurkunde heißt, von der Reichsrundfunkgesellschaft einen Telefunken-Fernsehempfänger (Seriennummer 13). Ironie des Schicksals: Das Gerät arbeitete nicht einmal mit einer Nipkow-Scheibe, sondern verfügte bereits über eine elektronische Bildröhre.

Paul Nipkow starb zwei Tage nach seinem achtzigsten Geburtstag, am 24. August 1940. Zu seinem Begräbnis am 30. August 1940 ordnete Adolf Hitler persönlich ein feierliches Staatsbegräbnis an. Das Fernsehen schickte einen Übertragungswagen zum Vorhof der Berliner Universität und brachte Bilder vom Begräbnis. »Es war das erste Staatsbegräbnis, das einem deutschen Ingenieur zuteil wurde.«[142]

Der Versuch der Nationalsozialisten, durch die Vereinnahmung Paul Nipkows das Fernsehen zu einer rein deutschen Erfindung zu stilisieren, war eine geschickte Manipulation, die eine bleibende Wirkung zeitigte. So gibt es noch immer Autoren wie Wilhelm Keller *(Hundert Jahre Fernsehen: 1883-1983*, Berlin 1983), die an das Propagandamärchen der Nationalsozialisten glauben und es weiterverbreiten.

Schwere Jungs und leichte Unterhaltung

Allen technischen, politischen, institutionellen und ökonomischen Widrigkeiten zum Trotz gab es im Dritten Reich Fernsehübertragungen. Wie geschildert, produzierte der ›Sender Paul Nipkow – Berlin‹ von März 1935 bis zum Winter 1944 ein regelmäßiges Programm, dessen hauptsächliche Programmbestandteile zu einem großen Teil gekürzte (Ufa-) Spiel-, Kultur-. Lehr- und Kurzfilme waren. Daneben gab es aber auch schon erste Fernsehspiele und Vorläufer von Sendeformen wie Talk-Show und ›Aktenzeichen XY ungelöst‹.

Allen Sendungen war gemeinsam, daß sie wegen fehlender Aufzeichnungsmöglichkeiten live inszeniert werden mußten. Dies beeinflußte auch die Entwicklung der dramaturgischen Mittel stark. Bildschnitt und Nachbearbeitung waren unmöglich, lediglich die Überblendung beim Einsatz mehrerer Kameras gewährte eine gewisse gestalterische Freiheit. Es ist offensichtlich, daß die aus technischen Gründen wenig beeindruckende Bildqualität und die weitgehend fehlenden dramaturgischen Mittel das Fernsehen in einen schroffen Gegensatz zur ausgefeilten nationalsozialistischen Propagandaästhetik brachten. Daß dies aber ein wesentlicher Grund für die zögerliche Entwicklung des Fernsehens im Dritten Reich war, läßt sich allenfalls annehmen, nicht aber belegen. Insgesamt kann man einen in den Kriegsjahren noch verstärkten Trend zur eskapistischen ›leichten Unterhaltung‹ konstatieren, der in den Revuesendungen aus dem Kuppelsaal des Reichssportfeldes seinen Höhepunkt erlebte.

Man verzichtete weitgehend darauf, über das Medium direkte Propaganda zu verbreiten, rückte es aber, wie die ›Nipkow-Story‹ zeigte, in die Linie deutscher Erfolge in Wissenschaft und Technik. Der Versuch der Nationalsozialisten, dabei das Fernsehen zu einer rein deutschen Erfindung zu stilisieren, war eine geschickte Manipulation, die noch lange nach Ende ihrer Herrschaft Wirkung zeigte.

Seinen größten Erfolg erlebte das Fernsehen bei den Übertragungen von der Berliner Olympiade 1936. Die Live-Reportagen von den Wettkampfstätten entfachten trotz technischer und gestalterischer Mängel bei den Zuschauern wie bei den Beteiligten große Begeisterung. Weitere Versuche in dieser Richtung, beispielsweise die Reichsparteitagsberichterstattung, konnten aus technischen, rezeptionellen, ästhetischen und organisatorischen Gründen an die Erfolge bei der Olympiade nicht anknüpfen.

Das ›europäische Fernsehen‹ aus dem besetzten Paris schließlich war der Testfall für ein nationalsozialistisches Europa. Nach der gewaltsamen Okkupation sendeten deutsche Experten von 1942 bis 1944 aus dem ›Magic City‹ vor allem Unterhaltungspropaganda in deutscher und französischer Sprache.

Die Rezeptionsbedingungen

Eine Studie zum Fernsehen unter dem Hakenkreuz wäre nicht vollständig, ohne auf die damaligen Rezeptionsbedingungen einzugehen. Weil es zu dieser Zeit aber noch keine Medienwirkungsforschung in Deutschland gab[143], bleibt dieses Kapitel auf die wichtige rezeptionsgeschichtliche Fragestellung beschränkt, aus welchen technischen, ökonomischen und ideologischen Gründen zwar der Gemeinschaftsempfang, nicht aber der individuelle Heimempfang von Fernsehsendungen im Dritten Reich realisiert wurde.

Die Fernsehstuben

> »So ist u. a. in einer Fernsehstelle beobachtet worden, wie ein jüdischer Händler mit einem schmutzigen Sack nicht nur an einer, sondern an beiden Sendungen teilgenommen hat.«
> *Aus einem Bericht des Reichspostministeriums vom 11. Februar 1937*

Im Jahre 1935, als der regelmäßige Programmdienst von Reichsrundfunkgesellschaft und Reichspost-Zentralamt aufgenommen wurde, war die industrielle Serienproduktion von Heimempfängern nicht in Sicht. Abhilfe versprach einzig der Gemeinschaftsempfang. So wurden im Berliner Stadtgebiet sogenannte ›öffentliche Fernsehstellen‹ eingerichtet, in denen man unentgeltlich die Übertragungen des

›Fernsehsenders Paul Nipkow – Berlin‹ verfolgen konnte. Ab Anfang 1936 wurden kostenlose Eintrittskarten ausgegeben, die eine Überfüllung der Säle ausschließen sollten.

Die erste dieser Fernsehstuben öffnete am 9. April 1935 im Reichspostmuseum ihre Pforten. Sie bot Platz für dreißig Personen und war mit zwei Empfängern ausgestattet, die über 18 x 22 Zentimeter große Bildschirme verfügten.

Im Mai folgten fünf, im September zwei weitere Fernsehstuben. Im Juli 1936, kurz vor den Olympischen Spielen, wurden zusätzliche sieben eingerichtet; hinzu kamen noch einmal zehn provisorische während der Spiele selbst, so daß die Sendungen aus dem Stadion in insgesamt 25 Berliner Fernsehstuben betrachtet werden konnten. Von der Stimmung vor den Geräten berichtet Walter Bruch:

»Vielfach wurden die Besucher der Fernsehstellen von den Vorführungen der Kampfhandlungen so gefesselt, daß sie ebenso wie die Besucher im Reichssportfeld bei guten Leistungen ihren Beifall kundtaten. Immer wieder mußten die Fernsehstuben wegen Überfüllung kurzzeitig geschlossen werden.« [144]

Neben den kleinen Fernsehstuben richtete die Post 1935 und 1936 in Berlin auch zwei ›Großbildstellen‹ genannte Fernsehtheater für 294 bzw. 120 Zuschauer ein, in denen das Bild auf eine Fläche von rund 3 x 4 Metern bzw. 1 x 1,20 Metern projiziert wurde. Im zweiten Halbjahr 1936 sollen alles in allem rund 90000 Besucher das Programm der Reichsrundfunkgesellschaft in einer der Berliner Fernsehstuben gesehen haben. In einem Bericht des Reichspostministeriums vom 1. Mai 1937 hieß es:

»Der Besuch der Fernsehstellen ist bei der ersten abendlichen Vorführung (von 20-21 Uhr) durchschnittlich sehr gut. Die zweite Vorführung (von 21-22 Uhr) ist dagegen in allen Fernsehstellen

Fernsehstube in der Berliner Bellealliancestraße – Liveübertragung von den Olympischen Spielen 1936.

etwas schwächer besucht. [...] Sehr oft sind hier von 21-22 Uhr weniger als 10 Personen anwesend.«[145]

Der mit Beginn des Krieges eingestellte Programmbetrieb wurde bereits am 12. November 1939 wieder aufgenommen, doch die Pläne für einen ›Volksfernseher‹ hatte der Kriegsausbruch scheitern lassen, und die öffentlichen Fernsehstuben wurden nur langsam wieder in Betrieb genommen. Im Januar 1940 zählte man in Berlin rund 10000 Besucher, eine Quote, die im April schon wieder auf knapp 17000 anstieg. Ab 1941 öffneten auch in Hamburg drei Fernsehstuben mit je 25 Plätzen sowie zwei ›Großbildstellen‹ mit je 60 Plätzen, die über das Breitbandkabelnetz vom Berliner Sender versorgt wurden.

Nicht alle Gäste der Fernsehstuben freilich waren technikbegeisterte Wohlstandsbürger, wie im Bericht des Reichspostministeriums vom 11. Februar 1937 moniert wird:

»Nach den bisherigen Beobachtungen hat es den Anschein, als ob sich in den Fernsehstellen z. T. regelmäßig dieselben Leute einfinden, denen weniger daran gelegen ist, sich über den Stand des Fernsehens zu unterrichten, als eine billige Unterhaltungsstelle und Wärmequelle zur Verfügung zu haben. [...] Dadurch wird aber anderen Volksgenossen der Platz in den Fernsehstellen weggenommen und der Aufenthalt verleidet.« [146]

Soziales Elend als Motiv für den Besuch der Fernsehstuben mußte der nationalsozialistischen Führung ein Dorn im Auge sein, widersprach mit Sicherheit auch ihren Erwartungen an die Kommunikationssituation und deren Wirkung bei den Rezipienten. Für diese Interpretation spricht auch ein Bericht der Reichspostdirektion Berlin vom 1. Mai 1937, in dem es heißt: »Eine große Zahl von Besuchern kehrt ständig wieder. Die meisten gehören ärmeren Volksschichten an, die durch die Teilnahme an den Fernsehvorführungen die Ausgaben für einen Kinobesuch ersparen.« [147]

Unter der Losung »Der Führer spricht« waren der angeordnete ›Gemeinschaftsempfang‹ von Radioübertragungen und das andächtige Lauschen ganzer Familien, Gruppen und Sippen vor dem ›Volksempfänger‹ unter dem Führerporträt ein aktiv propagiertes Rezeptionsideal im Dritten Reich. Das Kino entsprach ihm auf seine eigene Art, und auch beim neuen Medium blieben die ›Fernsehstellen‹ die einzigen Stätten, an denen Fernsehen eine flimmernde Realität wurde.

Für die Bevorzugung der Kollektiv- vor der Individualrezeption lassen sich ideologisch begründete Motive der Nationalsozialisten anführen. Insbesondere ist auf Hitlers These von der Instrumentalisierung der Massenpsychologie zu verweisen, der er in *Mein Kampf* einen breiten Raum widmet (es handelt sich dabei vor allem um das Kapitel 11 mit dem Titel »Propaganda und Organisation«). Danach wirke eine Weltanschauung für den Zweifelnden und Unentschlossenen um so attraktiver, ließe sich die Fanatisierung ihrer Anhänger umso effizienter steigern, je stärker das Individuum aus seinen sozialen Rückzugsräumen in die mobilisierte Öffentlichkeit gezogen werde. Während der einzelne zur Skepsis und Feigheit neige, sei die Masse durch interne Verstärkungsmechanismen weit stärker bereit zur bedingungslosen Anpassung im Geiste und zur Radikalität in der Tat.

Diesem Ansatz entspricht die nationalsozialistische Propagandaästhetik der Masseninszenierungen und ebenso die Förderung der Kollektivrezeption. Darüber hinaus beinhaltet letztere größere staatliche Kontrollmöglichkeiten. So können abschätzige Bemerkungen der Zuschauer leicht lokalisiert und sanktioniert werden. Rezeptionsfreiheiten wie das einfache Abschalten sind unmöglich, und sich der Medienbotschaft zu entziehen, wird sehr schwer gemacht. So gesehen waren die Fernsehstuben und in noch stärkerem Maße die ›Großbildstellen‹ adäquate Rezeptionsräume für Fernsehen im faschistischen Deutschland. Eine These, die angesichts der im folgenden dargestellten zögerlichen Entwicklung des Heimempfangs und dessen letztendlichen Scheiterns noch an Plausibilität gewinnt.

Der Fernseh-Einheitsempfänger

> »Ich will Ihnen verraten, daß ich im Augenblick nur ein einziges Volksfernsehgerät kenne, den Feldstecher.«
>
> *Eugen Hadamovsky*

Der grundlegende Mangel des Fernsehens im nationalsozialistischen Deutschland war aus der Sicht fast aller Beteiligten das fehlende Massenpublikum. Mit der Einrichtung von Fernsehstuben war zwar ein kleiner Schritt zur Behebung dieses Defizits getan, doch eine deutliche Verbesserung der Situation wäre erst durch die Freigabe des Heimempfangs gemeinsam mit einer Serienproduktion von Empfangsgeräten zu erwarten gewesen.

Genau dies jedoch wurde vor allem aufgrund der niedrigen Bildauflösung immer wieder verzögert. Erst die auf der Funkausstellung von 1937 vorgestellten Geräte mit 441-Zeilen-Auflösung brachten einen deutlichen Fortschritt in der Empfangsqualität. Zugleich drängte es zu diesem Zeitpunkt die in der Fernsehentwicklung tätigen Unternehmen, ihre kostenaufwendigen Forschungsarbeiten [148] der letzten Jahre zu amortisieren. Bisher hatten sie ihre Empfänger nur als Einzelstücke an staatliche Stellen verkaufen können oder an den Aufträgen der Reichspost im Bereich der Sende- und Studiotechnik verdient. Demgegenüber wäre natürlich die Serienproduktion von Heimempfängern ein höchst profitables Geschäft gewesen.

Endlich hielt man auch bei der Reichspost im Frühjahr des Jahres 1938 den Zeitpunkt zur Einführung des Heimempfangs für gekommen. Flugs wurde der hauseigene Jahresetat für die Fernsehforschung von 18 Millionen Reichsmark im Vorjahr auf nunmehr 23 Millionen Reichsmark angehoben. Außerdem verlautete aus dem Reichspostministerium:

»Vom politisch-propagandistischen Standpunkt bietet der Fernsehrundfunk gerade mit Hilfe einer weitverbreiteten Heimempfänger-Teilnehmerschaft ein über die Möglichkeit des Tonrundfunks weit hinausgehendes Mittel, mit Unterstützung des Bildes auf die Volksgemeinschaft in wichtigen staatspolitischen Dingen einzuwirken, ihr Interesse zu wecken und durch den Augenschein zu überzeugen.« [149]

Von derlei Entgegenkommen ermutigt, ließ die Fernseh AG am 14. Juli 1938 dem Postministerium eine ›vertrauliche Denkschrift‹ zukommen, in der die leitenden Herren der

Konzerne Bosch und Zeiss-Ikon die zügige Einführung des Heimempfangs forderten:

»Es ist der brennende Wunsch vorhanden, die Ergebnisse von Forschung und Betrieb auf diesem hochbedeutsamen Gebiet so schnell wie möglich breitesten Kreisen zugänglich zu machen. Ist doch das Fernsehen in seiner kulturellen und auch politischen Bedeutung dem Film und dem Rundfunk unmittelbar an die Seite zu stellen. [...] Es besteht natürlich auf allen Seiten der Wunsch, die Entwicklung der Fernsehtechnik allmählich weniger verlustreich zu gestalten, bzw. aus der Fernsehtechnik sogar bescheidenen Gewinn ziehen zu können. [...] Um von vornherein die Lasten [der künftigen Gebühren; H.Z.] tragbar zu gestalten und auf möglichst viele Schultern zu verteilen, muß das Fernsehen auf so breiter Grundlage eingeführt werden, daß man von einem Volks-Fernsehen sprechen kann, zumal die hohe politische Bedeutung nicht genug gewürdigt werden kann. [...] Es liegt der Gedanke nahe, alle die Kreise, die heute an der Einführung des Fernsehens interessiert sind, zusammenzufassen [...]. An der Einführung des Fernsehens ist nicht nur die Fernsehindustrie, die Deutsche Reichspost und die Reichsrundfunk-Gesellschaft in höchstem Grade interessiert, sondern auch die Elektrizitätswirtschaft. [...] Fernsehapparaturen sind immerhin ganz bedeutende Verbraucher elektrischer Leistung. Es wäre denkbar, die genannten Gruppen [...] noch um die D.A.F. [Deutsche Arbeitsfront; H.Z.] oder ihre Unterorganisation K.d.F. [Kraft durch Freude; H.Z.] [zu] erweitern [...].«[150]

Konkret schlugen die Industriellen vor, ihren Fernsehempfänger DE 7 in einer Serie von 1000 Stück zu produzieren und zum Preis von 850 Mark auf den Markt zu bringen. Auf eine Antwort brauchten sie nicht lange zu warten. Schon am 22. Juli erteilte der Postminister der Fernseh AG die Auskunft, daß am 1. Oktober mit der allgemeinen Freigabe des Heimempfangs zu rechnen sei.

Wieder übernahm die Industrie die Initiative: Auf Vorschlag von Telefunken trafen sich am 10. August 1938 am Rande der Funkausstellung Vertreter der Unternehmen im Reichspostministerium. Hierbei wurde vereinbart, gemeinsam einen ›Einheitsempfänger‹ in Serie zu bauen. Geplant waren zunächst 4600 Geräte, wobei die einzelnen Firmen entsprechend ihrer Kapitalstärke beteiligt sein sollten und die Post 25 Prozent des unternehmerischen Risikos abdecken wollte. Telefunken und Fernseh AG sollten je 1250, Lorenz und Loewe je 800 und die TeKaDe 500 Exemplare fertigen.

Noch am selben Tag beauftragte Reichspostminister Wilhelm Ohnesorge die Forschungsanstalt im Reichspost-Zentralamt, gemeinsam mit der Funkindustrie ein einfaches, preiswertes und technisch hochwertiges Standardempfangsgerät zu entwickeln. Im November begann eine Arbeitsgemeinschaft aus Vertretern der Forschungsanstalt und den fünf beteiligten Firmen mit der Konzipierung des ›Fernseh-Einheitsempfängers FE 1‹.

Zunächst waren Lizenz- und Patentfragen zu klären, dann widmete man sich dem Problem der arbeitsteiligen, industriellen Serienproduktion. Auch in der Sende- und Studiotechnik waren eine ganze Reihe von Schwierigkeiten zu bewältigen. So mußten sämtliche Kameras und Mischpulte des ›Fernsehsenders Paul Nipkow – Berlin‹ der neuen 441-Zeilen-Norm angepaßt werden. Fieberhaft bemühte man sich, neben dem normalen Sendebetrieb diese technischen Probleme in den Griff zu bekommen.

Im Februar 1939 war endlich ein Mustergerät fertiggestellt, für das noch eigens eine passende Antenne gebaut werden mußte. Jetzt hing die Serienproduktion nur noch an den Rohstoffen. Doch die für die Fertigung des FE 1 benötigten 85 Tonnen Eisen und 23 Tonnen Kupfer wurden mittlerweile weit dringender in der Rüstungsindustrie gebraucht, so daß der für die Rohstoffverteilung zuständige Minister Hermann Göring sie zunächst verweigerte. Schließlich stand der deutsche Überfall auf Polen und damit der Beginn des Zweiten Weltkrieges bevor.

Erst als am 26. Juli 1939 Postminister Ohnesorge persönlich an den Reichsluftfahrtminister appellierte, die Rohstoffe freizugeben, erhielt die Industrie das Material. Ohnesorge gab daraufhin bekannt, daß die ersten Geräte im Oktober in den Handel kommen sollten.

Doch zuvor fand wieder eine Funkausstellung statt, die nun erstmals ›Große Deutsche Rundfunk- und Fernsehrundfunkausstellung‹ hieß. Die Post hatte extra für diesen Zweck 150000 Mark bereitgestellt und insgesamt sechzig Exemplare des FE 1 bei Telefunken und der Fernseh AG bestellt. Diese in Einzelanfertigung hergestellten Modelle waren eine große Attraktion für die Besucher der Funkausstellung vom 28. Juli bis zum 6. August 1939. Der ›Volksfernseher‹ war ein holzverkleidetes Tischgerät mit einem rechteckigen, 19,5 x 22,5 Zentimeter großen Bildschirm.

Bei der Eröffnung gab der Postminister bekannt, daß er nach Abschluß der Vorarbeiten nun endlich das Fernsehen der Öffentlichkeit zugänglich machen könne. Jeder könne nun Fernsehteilnehmer werden, zusätzliche Gebühren brauchten nicht bezahlt zu werden.

Dabei war die Frage der Gebühren keineswegs endgültig geklärt. Die Reichsrundfunkgesellschaft ging in ihrem Bericht über das Geschäftsjahr 1937/38 davon aus, daß zunächst rund 36000 Haushalte im Reich überhaupt für den Kauf eines Fernsehempfängers in Frage kämen. Danach wäre eine monatliche Gebühr von fünf Reichsmark zur Deckung künftiger Programmkosten gerade ausreichend gewesen. Bei dieser Rechnung blieben allerdings mögliche finanzielle Forderungen der Post unberücksichtigt. Im Reichspostministerium machte man sich am 4. April 1938 Gedanken über eine zu eigenen Gunsten zu gestaltende Gebührenregelung. Ihren Anspruch unterstrich die Post mit einem Hinweis auf die von ihr getragenen hohen Entwicklungskosten auf diesem

Fernseheinheitsempfänger FE 1 mit 32er Bildröhre — der Kriegsbeginn stoppte die beabsichtigte Massenproduktion.

Gebiet. Ministerialrat Günter Flanze betonte jedoch auch, daß der »Fernsehrundfunkgebührentarif« im Interesse »einer schnellen und kräftigen Entwicklung [...] möglichst niedrig« [151] gehalten werden müsse.

Angesichts dieser Vorgänge kann bezweifelt werden, ob der Fernsehempfang, wie von Postminister Ohnesorge angekündigt, tatsächlich in den Radiogebühren von zwei Reichsmark monatlich eingeschlossen gewesen wäre. Gänzlich dubios erscheint in diesem Licht die Äußerung des Reichssendeleiters Hadamovsky vom 22. März 1935:

»Der künftige Fernsehbeitrag kann nicht – etwa wie bei der Rundfunkgebühr des Herrn von Bredow – eines Tages nach Belieben aus dem Ärmel geschüttelt werden, die künftige Fernsehgebühr ist des deutschen Volkes Kulturbeitrag und muß damit hundertprozentig dem Kulturleben zugute kommen.« [152]

Angesichts der Tatsache, daß man zunächst nur eine kleine Bauserie für den Raum Berlin plante, waren jedenfalls die Versprechungen des Postministers völlig überzogen. Hinzu kam, daß der festgesetzte Stückpreis von 650 Reichsmark für den FE 1 ein politischer Preis war, der wohl auf Dauer nicht hätte beibehalten werden können. Sein tatsächlicher Marktwert lag wohl bei rund 1000 Reichsmark; entsprechend mehr kostete zu dieser Zeit auch ein gleichwertiger Empfänger in Großbritannien.

Im August 1939 kollidierte schließlich die Serienproduktion des FE 1 mit den aktuellen Kriegsvorbereitungen. Göring benötigte den UKW-Bereich des Berliner Fernsehsenders, so daß am 24. August der Betrieb eingestellt wurde. Die Pläne für den ›Einheitsempfänger‹ verschwanden zugleich auf Nimmerwiedersehen in den Schubladen der Konzerne. Im November 1939 ließ das Reichspostministerium ganz im Stil der vollmundigen Versprechungen der ersten

Jahreshälfte, aber mit entgegengesetzter Aussage, bekanntgeben:

»Inzwischen hat sich die eiserne Klammer kriegerischer Ereignisse um das deutsche Volk gelegt. Forschung und Fortschritt in Wissenschaft und Technik pflegen solchen Ereignissen nicht zu erliegen, sondern sie mit dem Triumph deutscher Schaffenskraft zu erfüllen! Mag sich die Ausbreitung des Fernsehrundfunks dadurch zunächst auch verzögern, so handelt es sich doch immerhin nur um eine noch nicht lebenswichtige Bereicherung des Hörrundfunks, um eine Ergänzung, die wegen der höheren Anschaffungskosten nicht sehr bald Gemeingut des Volkes werden kann.« [153]

Dies war das Ende des Volksfernsehers, wenn man von einem kuriosen Nachspiel absieht: In der ›Verordnung über den Vertrieb von Fernseheinrichtungen‹ vom 14. Mai 1940 wurde nämlich der Handel mit Fernsehgeräten genehmigungspflichtig gemacht. Als die für die Genehmigung zuständige Behörde hatte das Luftfahrtministerium alle diesbezüglichen Vorschriften und Formulare schon akribisch ausgearbeitet, wohl um seinen Führungsanspruch auf dem Gebiet des Fernsehens erneut zu dokumentieren. Da jedoch die Geräteproduktion eingestellt worden war und nur wenige Exemplare in Umlauf kamen, wurde diese Verordnung am 4. Juni 1942 wieder aufgehoben.

Die braune Mattscheibe

Ziel dieser Darstellung war es, die Fernsehentwicklung im Dritten Reich, ihre Vorgeschichte und ihr medienpolitisches Umfeld differenziert aufzuzeigen und zu analysieren. Trotz der problematischen Quellenlage sollte ein möglichst vollständiger Überblick gegeben werden, der den schnellen Zugriff auf die erhaltenen Fakten ermöglicht, ohne die Tendenzen der bisherigen Fachliteratur zu teilen. Da vieles von den Protagonisten des Fernsehens im Nationalsozialismus mit gewissen Einseitigkeiten wiedergegeben wurde, als sie ihre mehr oder minder persönlichen Betrachtungen nach 1945 publizierten, seien abschließend die Essentials noch einmal rekapituliert.

Als die Nationalsozialisten am 30. Januar 1933 in Deutschland die Macht übernahmen, hatte das Fernsehen bereits eine annähernd hundertjährige Entwicklung durchlaufen. Die wichtigsten technischen Innovationen waren bis dahin die Nipkow-Scheibe, ein mechanisch-optisches Verfahren zur Zerlegung einer Bildvorlage in Zeilen und Punkte, und die Braunsche Röhre, Grundlage des elektronischen Fernsehens. Mitte der zwanziger Jahre wurde die nahezu vollständig auf den Raum Berlin beschränkte Fernsehforschung durch das Engagement von Großindustrie und Deutscher Reichspost intensiviert. Gegen Ende der Weimarer Republik bewiesen schließlich Versuchssendungen, daß Fernsehen grundsätzlich realisierbar war – das neue Massenmedium schien greifbar nahe. Doch die unzureichende Bildqualität stand vorerst der Einrichtung eines regelmäßigen Programmbetriebs entgegen.

Die nächsten Schritte vollzog das Fernsehen unter den Bedingungen des totalitären Regimes. Leitgedanke der nationalsozialistischen Medienpolitik gegenüber den Massenkommunikationsmitteln Radio, Film und Presse war die Instrumentalisierung der Informationsträger zur politischen Manipulation der Rezipienten. Das Ministerium für Volksaufklärung und Propaganda unter Joseph Goebbels bediente sich dazu einer Vielzahl von Mitteln, unter denen ein restriktiver juristischer Rahmen im Verbund mit der Gleichschaltung und strikten Hierarchisierung der Verwaltung auf der institutionellen Ebene sowie Enteignung, Verstaatlichung und Übernahme von Geschäftsanteilen auf der ökonomischen Ebene die zentralsten waren. Zwar herrschte inhaltlich das Prinzip straffer Lenkung, doch war bedeutsam, daß die scheinbar unpolitische Unterhaltung geplant eingesetzt wurde, um die Medienkonsumenten von ihren Alltagsproblemen abzulenken. Diese Art der versteckten Propaganda überwog die massive Indoktrination bei weitem, jedenfalls auf den Gebieten Radio und Film, wo Goebbels seine Medienpolitik stringent und nahezu ungestört umsetzen konnte. Bei der Presselenkung hingegen wurde dies durch die Eingriffe verschiedener parteiinterner Rivalen verhindert.

Die technische Entwicklung des Fernsehens unterm Hakenkreuz gliedert sich in zwei Abschnitte: Die Vorkriegszeit war geprägt von dem Bemühen, das neue Medium zum Massenkommunikationsmittel auszubauen, während im Zweiten Weltkrieg die militärischen Verwendungsmöglichkeiten untersucht wurden. In den Jahren bis 1939 behinderten Kompetenzstreitigkeiten, Geheimhaltungsvorschriften und die Unterdrückung ›nichtarischer‹ Wissenschaftler die Fernsehforschung spürbar. Zugleich wurden vermeintliche Fortschritte auf diesem Gebiet zu nationalen Errungenschaften hochstilisiert.

Dabei gab es trotz des hohen finanziellen Aufwands (vor allem seitens der Reichspost) keine epochalen Neuerungen, sondern nur schrittweise Verbesserungen bereits bekannter Verfahren, wobei die Fortschritte auf der Senderseite vergleichsweise schnell, bei den Empfangsgeräten insgesamt eher zaghaft waren. Die Forcierung des Fernseh-Telefonverkehrs markierte bereits die Wende zur zweiten Periode, insofern die dazu erforderliche kostenintensive Breitbandverkabelung des Reichs vorrangig aus militärtaktischen Beweggründen durchgeführt wurde.

Mit Kriegsbeginn wurde die zivile Fernsehforschung sofort beendet und in den Dienst der Rüstung gestellt. Der Entwicklung von ›Wunderwaffen‹ auf der Basis der Fernsehtechnik war jedoch kein Erfolg beschieden. Entweder erwiesen sich die betreffenden Systeme als untauglich (›Fernsehtorpedo‹) oder konnten nicht mehr in größerem Umfang für den Kriegseinsatz produziert werden (Nachtsichtgeräte).

Die institutionelle Entwicklung des Fernsehens im Dritten Reich war vor allem durch Kompetenzstreitigkeiten geprägt. Bis 1933 agierte ausschließlich das Reichspostministerium auf diesem Gebiet. Danach waren auch Goebbels, Göring und deren nachgeordnete Behörden involviert. Der Führererlaß vom 11. Dezember 1935 bestimmte zwar das Reichsluftfahrtministerium als federführend in allen militärischen Fragen, bekräftigte andererseits aber das Recht des Propagandaministeriums zur inhaltlichen Lenkung und beließ der Reichspost die technische Seite des Fernsehens. Diese scheinbar klare Aufgabenteilung schuf jedoch in der täglichen Praxis neue Streitpunkte, besonders zwischen

Post- und Propagandaministerium, deren endgültige Regelung auf die Zeit nach dem ›Endsieg‹ verschoben wurde.

Gleichschaltung und Führerprinzip wurden auch beim Fernsehen realisiert, doch häufige personelle Umbesetzungen und das vergleichsweise geringe Interesse in den Führungsspitzen der Medienlenkung verhinderten eine zügige Entwicklung des Fernsehens im Tausendjährigen Reich.

Aus Gründen des nationalen Prestiges wurde im März 1935 der ›Fernsehsender Paul Nipkow – Berlin‹ eröffnet, der bis zum Winter 1944 regelmäßig arbeitete. Angesichts der technischen und organisatorischen Unzulänglichkeiten ist es indes problematisch, zum Zeitpunkt seiner Eröffnung bereits von einem Programmbetrieb zu sprechen, zumal Publikum in nennenswerter Zahl noch fehlte. Das sollte sich erst mit den Übertragungen von den Olympischen Sommerspielen im Jahre 1936 ändern: Neue Kameras ermöglichten Live-Sendungen bei Tageslicht, und in den Fernsehstuben zählte man über 150000 Zuschauer. In den knapp zehn Jahren seines Bestehens übertrug der Berliner Sender vor allem Unterhaltung, darunter bevorzugt (Kino-)Filme, aber auch schon erste Fernsehspiele. Dieser Schwerpunkt wurde in den Kriegsjahren durch die Revuesendungen aus dem Kuppelsaal des Olympiageländes noch betont. Außerdem wurden bereits zu dieser Zeit erste Experimente mit Tier- und Sportsendungen, Talk-Shows und der Verbrecherjagd via Mattscheibe durchgeführt. Träger direkter Propaganda waren hier wie auch beim Film die Wochenschauen. Ferner gab es die ›Reportagen‹ von den Reichsparteitagen und die tendenziösen Sendefolgen an den von der Partei mit Beschlag belegten Gedenktagen.

Alle Sendungen, die nicht als Filmkonserven eingespielt wurden, mußten live inszeniert werden, weil es noch keine Aufzeichnungsmöglichkeiten für Fernsehbilder gab. Deshalb konnten auch die vielfältigen Gestaltungsmittel des Schnitts noch nicht auf das Fernsehen übertragen werden. Lediglich die Überblendung beim Einsatz mehrerer Kameras bot eine bescheidene gestalterische Freiheit.

In diesen dramaturgischen Mängeln und der (etwa im Vergleich zum Kino) sehr geringen Bildqualität ist auch ein Grund für die eher zurückhaltende Förderung des neuen Mediums durch die nationalsozialistische Propagandaführung zu vermuten. »Denn der Nationalsozialismus verdankte seinen Erfolg – neben dem umfassenden Einsatz repressiver Mittel – in hohem Maße der Mobilisierung und Integration durch ästhetische Massenfaszination.«[154] Eine Aufgabe, der das neue Medium noch nicht gewachsen war – damals.

Immerhin entdeckten die Parteistrategen in der Person des greisen Fernsehpioniers Paul Nipkow ein willfähriges Objekt der Verklärung zum ›Erfinder des Fernsehens‹. Eine absichtliche Idealisierung, die noch heute Wirkung zeigt. Verklärt wurde auch das ›europäische Fernsehen‹ aus dem besetzten Paris. Hier fand von 1942 bis 1944 ein regelmäßiger Programmbetrieb statt. Tatsächliches Ziel war die Bildung eines »Kristallisationspunktes« für die geplante Ausdehnung deutscher Fernsehnormen auf ein nationalsozialistisches Europa zum Wohle der Industrie des Reichs.

Die Rezeptionsbedingungen für Fernsehen im nationalsozialistischen Deutschland krankten im Vergleich zur multimedial durchgestylten Wirklichkeit von heute daran, daß zwar der Gemeinschaftsempfang in Fernsehstuben und Großbildstellen, nicht aber der individuelle Heimempfang verwirklicht wurde. Daß die Entwicklung des Fernsehens zum Massenkommunikationsmittel von Goebbels und seinem Ministerium gebremst wurde, insbesondere was den Heimempfang angeht, war nicht nachzuweisen. Gegenüber den ungleich gewichtigeren technischen, organisatorischen und militärischen Ursachen für die begrenzte Entfaltung des neuen Mediums im Dritten Reich erscheint dieser Gesichtspunkt eher marginal.

Gleichwohl hätte die Serienproduktion der immer noch sehr kleinen Bildschirme mit ihrer geringen Auflösung bedeutet, daß die audiovisuelle Aufbereitung pathetischer Personenkult-Inszenierungen und gigantomanischer Massenveranstaltungen die beabsichtigte Medienwirkung in ihr Gegenteil hätte verkehren können. So blieb letztlich das Fernsehen in seiner heutigen Form als omnipräsentes Medium für die Zeit des Dritten Reichs noch eine Utopie. Die Grundsteine aber waren gelegt ...

Anmerkungen

1 Hempel, Manfred: Der braune Kanal. Die Entstehung und Entwicklung des Fernsehens in Deutschland bis zur Zerschlagung des Hitlerregimes. Leipzig 1969, S. 4.

2 Behrens, Tobias: Die Entstehung der Massenmedien in Deutschland. Ein Vergleich von Film, Hörfunk und Fernsehen und ein Ausblick auf die Neuen Medien. Frankfurt/Main 1986, S. 216 f.

3 Mühlbauer, Josef: Fernsehen. Das Wunder und das Ungeheuer. Freiburg 1959, S. 15.

4 Bruch, Walter: Kleine Geschichte des deutschen Fernsehens (Buchreihe des SFB, Bd. 6). Berlin 1967, S. 14 f.

5 Ebd., S. 33.

6 Kompositum aus dem Altgriechischen: ›tele‹ = fern, weit und ›horan‹ = sehen, wahrnehmen.

7 Rings, Werner: Die 5. Wand: Fernsehen. Wien und Düsseldorf 1962, S. 37 f.

8 Der Tonfilm war zu dieser Zeit noch eine Neuheit: 1922 kam ein ausgereiftes Lichttonverfahren (›Triergon‹) auf den Markt, das u. a. für *Fox tönende Wochenschau* verwendet wurde. *Lights of New York* war der erste Spielfilm mit durchgängigem Dialog (1928).

9 Zum Vergleich: 1930 lag der durchschnittliche Wochenlohn eines Industriearbeiters bei rund 37 Reichsmark.

10 Fernsehen und Tonfilm, Heft 6, Juni 1933, S. 31.

11 Goebel, Gerhart: Das Fernsehen in Deutschland bis zum Jahre 1945. Archiv für das Post- und Fernmeldewesen 1953, 5. Jahrgang, Nr. 5, S. 376.

12 Am 27. Mai 1903 hatten die AEG (Allgemeine Elektrizitäts-Gesellschaft) und die Siemens & Halske AG mit je 50 Prozent Beteiligung die ›Gesellschaft für drahtlose Telegraphie mbH, System Telefunken‹ gegründet. Im April 1908 übernahm der spätere Reichsrundfunkkommissar Bredow als Generaldirektor die Leitung des Telefunkenkonzerns.

13 Hempel, Manfred: Der braune Kanal. Die Entstehung und Entwicklung des Fernsehens in Deutschland bis zur Zerschlagung des Hitlerregimes. Leipzig 1969, S. 39.

14 Die weitere Entwicklung dieses Unternehmens ist symptomatisch für das Dritte Reich. Obwohl anfangs Beteiligungsparität zwischen den deutschen Partnern vereinbart worden war, übernahm Bosch allein die Anteile der britischen BTC, nachdem Baird infolge der nationalsozialistischen Machtergreifung aus der Fernseh AG ausscheiden wollte. Proteste von Loewe verhallten wirkungslos, weil die Inhaber dieser Firma Juden waren. Ohnmächtig mußten sie zusehen, wie auch Zeiss-Ikon alle Geschäftsanteile an Bosch verkaufte. Schließlich sahen sie sich 1938 gezwungen, auch die eigenen Anteile an Bosch abzugeben, um einer geplanten ›Zwangsarisierung‹ zuvorzukommen, die 1939 alle übriggebliebenen Unternehmensbereiche betraf. Am 18. September 1939 wurde die Fernseh AG in eine ›Fernseh GmbH‹ umgewandelt, als deren alleiniger Gesellschafter fortan die Bosch AG fungierte. Im Rahmen dieser Arbeit wird jedoch zur besseren Orientierung die Bezeichnung ›Fernseh AG‹ durchgehend beibehalten.

15 Ernst Feyerabend, Staatssekretär im Reichspostministerium am 30. November 1930; zitiert nach: Lerg, Winfried B.: Rundfunkpolitik in der Weimarer Republik (Rundfunk in Deutschland, Bd. 1, herausgegeben von Hans Bausch). München 1980, S. 335.

16 Ebd.

17 Friedel, Walter: Elektrisches Fernsehen, Fernkinematographie und Bildfernübertragung. Berlin 1925, S. 174.

18 Diller, Ansgar (Hrsg.): Rundfunk und Fernsehen in Deutschland. Texte zur Rundfunkpolitik von der Weimarer Republik bis zur Gegenwart. Stuttgart 1985, S. 33.

19 Ebd., S. 38.

20 Reportage des SA-Sturmführers Wulf Bley anläßlich des Fackelzugs zu Ehren des Amtsantritts Hitlers am 30. Januar 1933, in: Dahl, Peter: Radio. Sozialgeschichte des Rundfunks für Sender und Empfänger. Reinbek bei Hamburg 1983, S. 146.

21 Diller, Ansgar: Rundfunkpolitik im Dritten Reich (Rundfunk in Deutschland Bd. 2, herausgegeben von Hans Bausch). München 1980, S. 144.

22 Ebd.

23 Ebd., S. 144 f.

24 Ebd., S. 145.

25 Ebd.

26 Der ›Reichsverband Deutscher Rundfunkteilnehmer‹ wurde am 12. August 1930 von politisch den Rechtsparteien nahestehenden Journalisten aus dem Umfeld des Verlegers Alfred Hugenberg gegründet. Er war in erster Linie als deutschnationales Gegenstück der zahlreichen Hörerverbände gedacht, die sich seit Mitte der zwanziger Jahre gebildet hatten und ausdrücklich den Kirchen, Gewerkschaften oder Linksparteien verpflichtet waren. Sofort begann die NSDAP damit, den Verband zu unterwandern. Schon 1932 wurde er durch Satzungsänderung zu einer nationalsozialistischen Organisation; Goebbels übernahm den Vereinsvorsitz. Wenig später übertrug er Hadamovsky die Leitung. Der ›Reichsverband Deutscher Rundfunkteilnehmer‹ wurde am 31. Januar 1936 aufgelöst, seine Mitglieder der ›Reichsrundfunkkammer‹ direkt angeschlossen.

27 Fritz Kohl, Geschäftsführer des Mitteldeutschen Rundfunks bis Juli 1933.

28 Dahl, Peter: Radio. Sozialgeschichte des Rundfunks für Sender und Empfänger. Reinbek bei Hamburg 1983, S. 154.

29 Ebd., S. 156 f.

30 Ebd., S. 164.

31 Reichsgesetzblatt 1939, Teil I, Nr. 169, S. 1638.

32 Dahl, Peter: Radio. Sozialgeschichte des Rundfunks für Sender und Empfänger. Reinbek bei Hamburg 1983, S. 167.

33 Joseph Goebbels in: Rundfunk-Archiv, Heft 6, 1941, S. 212 f.

34 Zurückschießen wollte Hitler, weil Polen »nun heute nacht zum erstenmal auf unserem eigenen Territorium auch durch reguläre Soldaten geschossen hat«. Tatsächlich handelte es sich bei dem fingierten polnischen Überfall auf den Sender Gleiwitz um einen deutschen Propagandatrick zur Entfesselung des Krieges. Außerdem hatte der Einmarsch deutscher Truppen in Polen bereits um 5.35 Uhr begonnen.

35 Kuby, Erich: Das Ende des Schreckens. Dokumente des Untergangs. Januar bis Mai 1945. München 1955, S. 150.

36 Toeplitz, Jerzy: Geschichte des Films (Bd. 3: 1934-1939). (Ost)-Berlin 1979, S. 250.

37 Werner, Paul: Die Skandalchronik des deutschen Films (Bd. 1, 1900-1945). Frankfurt/Main 1990, S. 209.

38 Ebd., S. 211.

39 Sein ursprünglicher Titel *Horst Wessel* mußte auf Geheiß von Goebbels geändert werden, da der Film laut Filmprüfungsstelle

»weder Horst Wessel [1930 erschossener SA-Sturmführer und von Goebbels hochstilisierter nationalsozialistischer Märtyrer; H.Z.] noch der nationalsozialistischen Bewegung gerecht« wurde.

40 Werner, Paul: Die Skandalchronik des deutschen Films (Bd. 1, von 1900-1945). Frankfurt/Main 1990, S. 215.

41 Oertel, Rudolf: Macht und Magie des Films. Weltgeschichte einer Massensuggestion. Frankfurt/Main 1959, S. 379.

42 Alfred Rosenberg (1893-1946) war der führende Theoretiker der nationalsozialistischen Weltanschauung. Als Reichsleiter der NSDAP (1933-45) und seit 1934 als Beauftragter des Führers für die Überwachung der gesamten geistigen und weltanschaulichen Schulung und Erziehung der NSDAP, geriet er früh in scharfen Gegensatz zu Goebbels. Rosenberg verlangte vehement die Rückkehr zu den alten germanischen Volkstraditionen. Antiintellektualismus, diffuser Mystizismus und pauschale Zivilisationskritik bildeten die Grundlagen seines Kunstverständnisses. Obwohl diese Haltung zunächst den von Hitler postulierten Maximen für die Kunst viel näher kamen als die Träume Goebbels vom großdeutschen Film, der die Welt erobern sollte, gelang es dem Propagandaminister in den ersten Jahren der braunen Diktatur zunehmend, seinen zuletzt monopolistischen Zugriff auf den deutschen Film zu festigen.

43 Werner, Paul: Die Skandalchronik des deutschen Films (Bd. 1, von 1900-1945). Frankfurt/Main 1990, S. 221.

44 Hempel, Manfred: Der braune Kanal. Die Entstehung und Entwicklung des Fernsehens in Deutschland bis zur Zerschlagung des Hitlerregimes. Leipzig 1969, S. 54.

45 Max Winkler war Finanzberater von Stresemann und Brüning, leitete die Kampagne für Hindenburgs Präsidentschaft und stand seit der Machtergreifung in Goebbels Diensten, für den er umfangreiche und sensible finanzielle Transaktionen durchführte, unter anderem die Übernahme von rund 2000 Zeitungen durch die Nationalsozialisten.

46 Am Rande sei bemerkt, daß die Spielfilme im nationalsozialistischen Deutschland beinahe ausschließlich Schwarzweiß-Produktionen waren. Obgleich die I.G. Farben bereits vor 1939 das Agfacolor-Verfahren entwickelt hatte, wurde der erste abendfüllende Farbfilm, *Frauen sind doch bessere Diplomaten*, mit Marika Rökk in der Hauptrolle, erst am 31. Oktober 1941 uraufgeführt.

47 Werner, Paul: Die Skandalchronik des deutschen Films (Bd. 1, von 1900-1945). Frankfurt/Main 1990, S. 218.
48 Ebd., S. 274.
49 Ebd., S. 239.
50 Ebd., S. 275.
51 Toeplitz, Jerzy: Geschichte des Films (Bd. 4: 1939-1945). (Ost)-Berlin 1983, S. 227.
52 Hitler, Adolf: Mein Kampf. Zwei Bände in einem Band. München 1925, 1927, S. 262.
53 Dietrich, Otto (1897-1952): seit 1931 NSDAP-Reichspressechef, 1938-45 Pressechef der Reichsregierung.
54 Amann, Max (1891-1957): 1922-45 Direktor des nationalsozialistischen Eher-Verlages, 1933-45 Präsident der Reichspressekammer und NSDAP-Reichsleiter für die Presse.
55 Goebbels, Joseph: Vom Kaiserhof zur Reichskanzlei. Eine historische Darstellung in Tagebuchblättern. München 1934, S. 282.
56 Wulf, Joseph: Presse und Funk im Dritten Reich. Eine Dokumentation. Gütersloh 1964, S. 64 f.
57 Ebd., S. 95 f.
58 Aleff, Eberhard (Hrsg.): Das Dritte Reich. Hannover 1970, S. 104.
59 Interview vom 3. 4. 1934, in: Siebarth, Werner: Hitlers Wollen. Nach Kernsätzen aus seinen Schriften und Reden. München 1941, S. 186.
60 Frei, Norbert: Die deutsche Presse unter den Nationalsozialisten, in: medium (Zeitschrift für Hörfunk, Fernsehen, Film, Presse), Heft 2/88, S. 39.
61 Ribbentrop, Joachim von (1893-1946): außenpolitischer Berater Hitlers, Reichsaußenminister seit 1938, beanspruchte Kompetenzen für die Auslandspropaganda.
62 Ley, Robert (1890-1945): ab 1934 Leiter der Deutschen Arbeitsfront und Reichsorganisationsleiter.
63 Rust, Bernhard (1883-1945): Reichsminister für Wissenschaft, 1934-45 Erziehung und Volksbildung.
64 Oven, Wilfried von: Mit Goebbels bis zum Ende, Bd. 2, Buenos Aires 1950, S. 162.
65 Ebd., S. 20.
66 Hempel, Manfred: Der braune Kanal. Die Entstehung und Entwicklung des Fernsehens in Deutschland bis zur Zerschlagung des Hitlerregimes. Leipzig 1969, S. 164.

67 Bruch, Walter: Kleine Geschichte des deutschen Fernsehens (Buchreihe des SFB, Bd. 6). Berlin 1967, S. 52 f.

68 Ebd., S. 37.

69 Erst 1952 wurde in Mitteleuropa (mit Ausnahme von Frankreich, das die 819-Zeilen-Norm verwandte) auf Beschluß des ›Comité Consultatif International de Radiodiffusion‹ die Norm auf 625 Zeilen erhöht.

70 Bruch, Walter: Kleine Geschichte des deutschen Fernsehens (Buchreihe des SFB, Bd. 6). Berlin 1967, S. 40.

71 Ebd., S. 63.

72 Ebd., S. 43.

73 Ebd., S. 71 f.

74 Für die Übermittlung von Bildsignalströmen über größere Entfernungen war nämlich das normale Telefonnetz ungeeignet. Allein die Breitbandkabel waren in der Lage, das dafür erforderliche Frequenzband von etwa 500000 Hertz zur Verfügung zu stellen. Auf diese Technik und ihre Hintergründe wird an späterer Stelle noch einmal zurückzukommen sein.

75 Mühlbauer, Josef: Fernsehen. Das Wunder und das Ungeheuer. Freiburg 1959, S. 20.

76 Reiss, Erwin: Wir senden Frohsinn. Fernsehen unterm Faschismus. Berlin 1979, S. 55 f.

77 Franz Banneitz, Chef des Fernsehreferats im Reichspost-Zentralamt, in: Fernsehen und Tonfilm, Heft 10, 1935, S. 89.

78 Goebel, Gerhart: Das Fernsehen in Deutschland bis zum Jahre 1945. Archiv für das Post- und Fernmeldewesen 1953, 5. Jahrgang, Nr. 5, S. 330.

79 Reichspostminister Wilhelm Ohnesorge 1942; zitiert nach: Hempel, Manfred: Der braune Kanal. Die Entstehung und Entwicklung des Fernsehens in Deutschland bis zur Zerschlagung des Hitlerregimes. Leipzig 1969, S. 65.

80 Aus einer Ansprache des Reichspostministers Wilhelm Ohnesorge 1938; zitiert nach: Goebel, Gerhart: Das Fernsehen in Deutschland bis zum Jahre 1945. Archiv für das Post- und Fernmeldewesen 1953, 5. Jahrgang, Nr. 5, S. 333.

81 Kabelkommunikation macht militärisch nur Sinn in vollständig gesichertem Territorium. Bei sich verschiebenden Grenzverläufen, wobei Kabelwege in die Hand des Gegners fallen können, wäre sie nur noch sehr eingeschränkt möglich. Diese Einschätzung teilte wohl auch der spanische Faschistenführer Franco, der von den Nationalsozialisten eine komplette Fernsehgegen-

sprechanlage geschenkt bekam, diese aber erst 1943, lange nach Beendigung des Bürgerkrieges, in Betrieb nahm.

82 Als Großbildstellen bezeichnete die Reichspost alle Fernsehempfangsanlagen, die die gleichzeitige Betrachtung durch mehr als 50 Personen gestatteten.

83 Goebel, Gerhart: Das Fernsehen in Deutschland bis zum Jahre 1945. Archiv für das Post- und Fernmeldewesen 1953, 5. Jahrgang, Nr. 5, S. 340.

84 Bruch, Walter: Kleine Geschichte des deutschen Fernsehens (Buchreihe des SFB, Bd. 6). Berlin 1967, S. 73.

85 Goebel, Gerhart: Das Fernsehen in Deutschland bis zum Jahre 1945. Archiv für das Post- und Fernmeldewesen 1953, 5. Jahrgang, Nr. 5, S. 376.

86 Reiss, Erwin: Wir senden Frohsinn. Fernsehen unterm Faschismus. Berlin 1979, S. 117.

87 Bruch, Walter: Kleine Geschichte des deutschen Fernsehens (Buchreihe des SFB, Bd. 6). Berlin 1967, S. 75.

88 Siehe das ›Schema der Organisation des Fernsehens im Dritten Reich‹ auf der S. 86. Diese graphische Darstellung erhebt keinen Anspruch auf Vollständigkeit, sondern soll allein zur Veranschaulichung der institutionellen Struktur dienen.

89 Diller, Ansgar: Rundfunkpolitik im Dritten Reich (Rundfunk in Deutschland, Bd. 2, herausgegeben von Hans Bausch). München 1980, S. 90.

90 Lerg, Winfried B.: Zur Geschichte des Fernsehens in Deutschland. Das Fernsehen der Reichs-Rundfunk-Gesellschaft 1935-1944, in: Fernsehen in Deutschland. Mainz 1967, S. 14.

91 Diller, Ansgar: Rundfunkpolitik im Dritten Reich (Rundfunk in Deutschland, Bd. 2, herausgegeben von Hans Bausch). München 1980, S. 187.

92 Wulf, Joseph: Presse und Funk im Dritten Reich. Eine Dokumentation. Gütersloh 1964, S. 310.

93 Fernsehen und Tonfilm, Heft 2, 1935, S. 13.

94 Bruch, Walter: Kleine Geschichte des deutschen Fernsehens (Buchreihe des SFB, Bd. 6). Berlin 1967, S. 53 f.

95 Reichsgesetzblatt Nr. 136, Teil I, Berlin am 13. Dezember 1935.

96 Bruch, Walter: Kleine Geschichte des deutschen Fernsehens (Buchreihe des SFB, Bd. 6). Berlin 1967, S. 55.

97 Goebel, Gerhart: Das Fernsehen in Deutschland bis zum Jahre 1945. Archiv für das Post- und Fernmeldewesen 1953, 5. Jahrgang, Nr. 5, S. 327.

98 Diller, Ansgar: Rundfunkpolitik im Dritten Reich (Rundfunk in Deutschland Bd. 2, herausgegeben von Hans Bausch). München 1980, S. 193.

99 Der zum Zeitpunkt seines Amtsantritts 27jährige Hans-Jürgen Nierentz war seit 1931 Redakteur der Wochenzeitschrift *Der Angriff*, seit 1935 Abteilungsleiter am Reichssender Berlin und seit 1936 Reichsfilmdramaturg.

100 Reiss, Erwin: Wir senden Frohsinn. Fernsehen unterm Faschismus. Berlin 1979, S. 50.

101 Wulf, Joseph: Presse und Funk im Dritten Reich. Eine Dokumentation. Gütersloh 1964, S. 309.

102 Goebel, Gerhart: Das Fernsehen in Deutschland bis zum Jahre 1945. Archiv für das Post- und Fernmeldewesen 1953, 5. Jahrgang, Nr. 5, S. 318.

103 Eckert, Gerhard: Knaurs Fernsehbuch. München 1961, S. 57.

104 Mühlbauer, Josef: Fernsehen. Das Wunder und das Ungeheuer. Freiburg 1959, S. 19.

105 Bruch, Walter: Kleine Geschichte des deutschen Fernsehens (Buchreihe des SFB, Bd. 6). Berlin 1967, S. 57 f.

106 Ebd., S. 49 f.

107 Reiss, Erwin: Wir senden Frohsinn. Fernsehen unterm Faschismus. Berlin 1979, S. 108.

108 Ebd., S. 178 f.

109 *Das Flötenkonzert von Sanssouci* wurde 1930 unter der Regie von Gustav Ucicky gedreht. In seiner Verklärung der Führerfigur Friedrichs des Großen, dem Lob des Kadavergehorsams und der penetranten Deutschtümelei war der Film keineswegs unpolitisch, sondern eine Vorwegnahme der Gleichsetzung preußischer und nationalsozialistischer Tugenden.

110 Hempel, Manfred: Der braune Kanal. Die Entstehung und Entwicklung des Fernsehens in Deutschland bis zur Zerschlagung des Hitlerregimes. Leipzig 1969, S. 69.

111 Goebel, Gerhart: Das Fernsehen in Deutschland bis zum Jahre 1945. Archiv für das Post- und Fernmeldewesen 1953, 5. Jahrgang, Nr. 5, S. 350.

112 Behrens, Tobias: Die Entstehung der Massenmedien in Deutschland. Ein Vergleich von Film, Hörfunk und Fernsehen und ein Ausblick auf die Neuen Medien. Frankfurt/Main 1986, S. 246.

113 Bruch, Walter: Kleine Geschichte des deutschen Fernsehens (Buchreihe des SFB, Bd. 6). Berlin 1967, S. 64.

114 Ebd., S. 65.

115 Ebd., S. 68.

116 Rüden, Peter von: Ablenkung als Programmauftrag. Das NS-Fernsehen – ein Unterhaltungsmedium, in: Peter von Rüden (Hrsg.): Unterhaltungsmedium Fernsehen. München 1979, S. 151.

117 Schwaegerl, Tony: Das deutsche Fernsehspiel von 1936-1961. 25 Jahre deutsches Fernsehspiel. Diss. Erlangen 1964, S. 40.

118 Friedrich Gladenbeck bei einem Vortrag in Wien am 23. November 1938; zitiert nach: Hempel, Manfred: Der braune Kanal. Die Entstehung und Entwicklung des Fernsehens in Deutschland bis zur Zerschlagung des Hitlerregimes. Leipzig 1969, S. 175 f.

119 Nationalsozialistische Rundfunk-Korrespondenz, Folge 45, 9. 11. 1938, S. 5.

120 Rüden, Peter von: Ablenkung als Programmauftrag. Das NS-Fernsehen – ein Unterhaltungsmedium. In: Peter von Rüden (Hrsg.): Unterhaltungsmedium Fernsehen. München 1979, S. 156.

121 Goebel, Gerhart: Das Fernsehen in Deutschland bis zum Jahre 1945. Archiv für das Post- und Fernmeldewesen 1953, 5. Jahrgang, Nr. 5, S. 359.

122 Hempel, Manfred: Der braune Kanal. Die Entstehung und Entwicklung des Fernsehens in Deutschland bis zur Zerschlagung des Hitlerregimes. Leipzig 1969, S. 97.

123 Goebel, Gerhart: Das Fernsehen in Deutschland bis zum Jahre 1945. Archiv für das Post- und Fernmeldewesen 1953, 5. Jahrgang, Nr. 5, S. 351.

124 Reichsrundfunk, 28. 6. 1942, S. 132.

125 Nationalsozialistische Rundfunk-Korrespondenz, Folge 26, 26. Juni 1940, S. 3.

126 Lerg, Winfried B.: Zur Geschichte des Fernsehens in Deutschland. Das Fernsehen der Reichs-Rundfunk-Gesellschaft 1935-1944, in: Fernsehen in Deutschland. Mainz 1967, S. 21 f.

127 Goebel, Gerhart: Das Fernsehen in Deutschland bis zum Jahre 1945. Archiv für das Post- und Fernmeldewesen 1953, 5. Jahrgang, Nr. 5, S. 322, macht folgende, sehr ähnliche Rechnung auf: »In den ersten Kriegsjahren standen in Berlin und Umgebung [...] insgesamt etwa 250 große Standempfänger und rund 50 Einheitsempfänger [...], die von der DRP [gemeint ist die Deutsche Reichspost; H.Z.] betreut wurden. Dazu kam noch eine nicht

mehr erfaßbare, aber wahrscheinlich nicht ganz so große Anzahl von Empfängern, die von der Industrie aufgestellt waren [...], so daß man im Höchstfalle mit 500 Empfangsstellen [...] rechnen darf.«

128 Bruch, Walter: Kleine Geschichte des deutschen Fernsehens (Buchreihe des SFB, Bd. 6). Berlin 1967, S. 58.

129 Keller, Wilhelm: Hundert Jahre Fernsehen: 1883-1983. Berlin 1983, S. 33.

130 Bruch, Walter: Kleine Geschichte des deutschen Fernsehens (Buchreihe des SFB, Bd. 6). Berlin 1967, S. 61.

131 Ebd., S. 62.

132 Ebd., S. 63.

133 Diese Angabe geht auf Winfried B. Lerg, Fernsehen in Deutschland, Mainz 1967, zurück. In anderen Quellen ist von 27 oder auch 33 Fernsehstuben die Rede. Ansgar Diller, Rundfunkpolitik im Dritten Reich, München 1980, gibt an, daß außer in den 25 (!) Berliner Fernsehstuben die Übertragungen vom Reichssportfeld auch noch in einer Potsdamer und zwei Leipziger Empfangsstellen öffentlich betrachtet werden konnten.

134 Behrens, Tobias: Die Entstehung der Massenmedien in Deutschland. Ein Vergleich von Film, Hörfunk und Fernsehen und ein Ausblick auf die Neuen Medien. Frankfurt/Main 1986, S. 245.

135 Hempel, Manfred: Der braune Kanal. Die Entstehung und Entwicklung des Fernsehens in Deutschland bis zur Zerschlagung des Hitlerregimes. Leipzig 1969, S. 176.

136 Ebd., S. 193.

137 Keller, Wilhelm: Hundert Jahre Fernsehen: 1883-1983. Berlin 1983, S. 48.

138 Goebel, Gerhart: Das Fernsehen in Deutschland bis zum Jahre 1945, Archiv für das Post- und Fernmeldewesen 1953, 5. Jahrgang, Nr. 5, S. 380.

139 Bruch, Walter: Kleine Geschichte des deutschen Fernsehens (Buchreihe des SFB, Bd. 6). Berlin 1967, S. 77.

140 Keller, Wilhelm: Hundert Jahre Fernsehen: 1883-1983. Berlin 1983, S. 46.

141 Ebd., S. 30.

142 Ebd., S. 46.

143 Zwar gab es für das Radio die sogenannte ›Lebensgebietsberichterstattung‹, ein perfides Bespitzelungssystem der SS unter Otto Ohlendorf, und die akademische Rundfunklehre am Frei-

burger ›Institut für Rundfunkwissenschaft‹, aber von einer modernen Medienwirkungsforschung, die sich der Technik der empirischen Sozialforschung bedient, waren beide weit entfernt.

144 Bruch, Walter: Kleine Geschichte des deutschen Fernsehens (Buchreihe des SFB, Bd. 6). Berlin 1967, S. 59.

145 Reiss, Erwin: Wir senden Frohsinn. Fernsehen unterm Faschismus. Berlin 1979, S. 85.

146 Ebd.

147 Hempel, Manfred: Der braune Kanal. Die Entstehung und Entwicklung des Fernsehens in Deutschland bis zur Zerschlagung des Hitlerregimes. Leipzig 1969, S. 155.

148 Nach Angaben von Gerhart Goebel, Das Fernsehen in Deutschland bis zum Jahre 1945, Archiv für das Post- und Fernmeldewesen 1953, 5. Jahrgang, Nr. 5, S. 384 f., wandte die deutsche Industrie folgende Summen für die Fernsehforschung auf: Telefunken 15 Millionen Reichsmark (RM) zwischen 1929 und 1939, Lorenz zwischen 1933 und 1940 nahezu 10 Millionen RM, Loewe von 1930 bis 1939 insgesamt 2 Millionen RM und TeKaDe über 1 Million RM allein im Jahre 1939. Die Fernseh AG erhielt in der Zeit von 1929 bis 1939 Aufträge im Wert von annähernd 10 Millionen RM.

149 Reiss, Erwin: Wir senden Frohsinn. Fernsehen unterm Faschismus. Berlin 1979, S. 87.

150 Hempel, Manfred: Der braune Kanal. Die Entstehung und Entwicklung des Fernsehens in Deutschland bis zur Zerschlagung des Hitlerregimes. Leipzig 1969, S. 167 f.

151 Diller, Ansgar: Rundfunkpolitik im Dritten Reich (Rundfunk in Deutschland, Bd. 2, herausgegeben von Hans Bausch). München 1980, S. 194 f.

152 Fernsehen und Tonfilm, Heft 2, 1935, S. 13.

153 Archiv für Post und Telegraphie, Berlin, Nr. 11, November 1939, S. 319.

154 Reichel, Peter: Der schöne Schein des Dritten Reiches. Faszination und Gewalt des Faschismus. Frankfurt/Main 1993, S. 39.

Literatur

Albath, Jürgen: Die Organisationsformen der Rundfunkträger. Eine Darstellung der Organisation des deutschen Rundfunks von seinen Anfängen bis zum Erlaß eines Bundesrundfunkgesetzes. Diss. Göttingen 1953.

Aleff, Eberhard (Hrsg.): Das Dritte Reich. Hannover 1970.

Balle, Hermann: Die propagandistische Auseinandersetzung des Nationalsozialismus mit der Weimarer Republik und ihre Bedeutung für den Aufstieg des Nationalsozialismus. Diss. Erlangen-Nürnberg 1963.

Bauer, Günther: Kirchliche Rundfunkarbeit 1924-1939. (Beiträge zur Geschichte des deutschen Rundfunks, Bd. 2) Frankfurt/Main 1966.

Bausch, Hans: Der Rundfunk im politischen Kräftespiel der Weimarer Republik 1923-1933. Tübingen 1956.

Bausch, Hans (Hrsg.): Rundfunk in Deutschland (Bd. 1-4). München 1980.

Bawden, Liz-Anne (Hrsg.): rororo Filmlexikon (Bd. 1-6). Reinbek bei Hamburg 1978.

Bayerische Landeszentrale für Politische Bildung: Totalitarismus contra Freiheit. Begriff und Realität. München 1988.

Becker, Wolfgang: Film und Herrschaft. Organisationsprinzipien und Organisationsstrukturen der nationalsozialistischen Filmpropaganda (Zur politischen Ökonomie des NS-Films, Bd. 1). Berlin 1973.

Behrens, Tobias: Die Entstehung der Massenmedien in Deutschland. Ein Vergleich von Film, Hörfunk und Fernsehen und ein Ausblick auf die Neuen Medien. Frankfurt/Main 1986.

Bley, Kurt: Über die Grundlagen des Rundfunkrechts. Berlin 1935.

Boelcke, Willi A.: Die Macht des Radios. Weltpolitik und Auslandsrundfunk 1924-1976. Frankfurt/Main 1977.

Bollmus, Reinhard: Das Amt Rosenberg und seine Gegner. Studien zum Machtkampf im nationalsozialistischen Herrschaftssystem. Stuttgart 1970.

Bracher, Karl Dietrich: Die deutsche Diktatur. Entstehung, Struktur, Folgen des Nationalsozialismus. Köln 1969.
Bracher, Karl Dietrich: Stufen der Machtergreifung (Die Nationalsozialistische Machtergreifung. Studien zur Errichtung des totalitären Herrschaftssystems in Deutschland 1933/34, Bd. 1). Frankfurt/Main 1974.
Bracher, Karl Dietrich: Nationalsozialistische Diktatur 1933-1945. Eine Bilanz. Düsseldorf 1983.
Bracher, Karl Dietrich: Die totalitäre Erfahrung. München 1987.
Bramsted, Ernest K.: Goebbels und die nationalsozialistische Propaganda 1925-1945. Frankfurt/Main 1971.
Bredow, Hans: Im Banne der Ätherwellen (2 Bde.). Stuttgart 1954 und 1956.
Bredow, Hans: Aus meinem Archiv. Probleme des Rundfunks. Wiesbaden 1950.
Briggs, Asa: The history of broadcasting in the United Kingdom. Bd. II: The golden age of wireless. Bd. III: The war of words. London 1965 und 1970.
Briggs, Asa: The BBC. The first 50 years. Oxford 1985.
Broszat, Martin: Der Staat Hitlers. Grundlegung und Entwicklung seiner inneren Verfassung. München 1969.
Broszat, Martin: Die Machtergreifung. Der Aufstieg der NSDAP und die Zerstörung der Weimarer Republik. München 1984.
Bruch, Walter: Kleine Geschichte des deutschen Fernsehens (Buchreihe des SFB, Bd. 6). Berlin 1967.
Bullock, Alan: Hitler. Eine Studie über Tyrannei. Düsseldorf 1972.
Courtade, Francis u. a.: Geschichte des Films im Dritten Reich. München 1975.
Dahl, Peter: Radio. Sozialgeschichte des Rundfunks für Sender und Empfänger. Reinbek bei Hamburg 1983.
Deist, Wilhelm u. a.: Das Deutsche Reich und der Zweite Weltkrieg. Bd. 1: Ursachen und Voraussetzungen der deutschen Kriegspolitik. Stuttgart 1979.
Diehl-Thiele, Peter: Partei und Staat im Dritten Reich. Untersuchungen zum Verhältnis von NSDAP und allgemeiner innerer Verwaltung (Münchener Studien zur Politik, Bd. 9). München 1969.
Diller, Ansgar: Rundfunkpolitik im Dritten Reich (Rundfunk in Deutschland, Bd. 2, herausgegeben von Hans Bausch). München 1980.
Diller, Ansgar (Hrsg.): Rundfunk und Fernsehen in Deutschland.

Texte zur Rundfunkpolitik von der Weimarer Republik bis zur Gegenwart. Stuttgart 1985.
Eckert, Gerhard: Der Rundfunk als Führungsmittel (Studien zum Weltrundfunk und Fernsehrundfunk, Bd. 1). Heidelberg 1941.
Eckert, Gerhard: Knaurs Fernsehbuch. München 1961.
Eckert, Gerhard: Das Fernsehen in den Ländern Westeuropas: Entwicklung und gegenwärtiger Stand. Gütersloh 1965.
Eckert, Gerhard und Niehus, Fritz (Hrsg.): Zehn Jahre Fernsehen in Deutschland. Dokumentation – Analyse – Kritik. Frankfurt/Main 1963.
Eggert, Ulrich: Tele-Lexikon. Berlin 1971.
Fessmann, Ingo: Rundfunk und Rundfunkrecht in der Weimarer Republik. Frankfurt/Main 1973.
Fest, Joachim C.: Hitler. Eine Biographie. Frankfurt/ Main 1973.
Fest, Joachim C.: Hitler, eine Karriere. Frankfurt/Main 1977.
Fischer, Heinz-Dietrich (Hrsg.): Deutsche Kommunikationskontrolle des 15. bis 20. Jahrhunderts. München 1982.
Fischer, Kurt: Dokumente zur Geschichte des deutschen Rundfunks und Fernsehens. Göttingen 1957.
Fischer, E. Kurt: Dramaturgie des Rundfunks (Studien zum Weltrundfunk und Fersehrundfunk, Bd. 4). Heidelberg 1942.
Flottau, Heiko: Hörfunk und Fernsehen heute. München 1972.
Föcking, Marc: Volksgenossen sehen fern. Warum die Nationalsozialisten das Massenmedium verkannten. Frankfurter Allgemeine Zeitung vom 13. Januar 1991.
Fraenkel, Heinrich u. a. (Hrsg.): Goebbels. Eine Biographie. Köln 1960.
Frei, Norbert: Die deutsche Presse unter den Nationalsozialisten. In: medium (Zeitschrift für Hörfunk, Fernsehen, Film, Presse), Heft 2/88.
Freund, Martin: Der deutsche Rundfunk. Seine öffentlich-rechtlichen Grundlagen und seine Organisation. Aschaffenburg 1933.
Freyberger, Roland: Tricks und Techniken des Fernsehens. Düsseldorf 1971.
Friedel, Walter: Elektrisches Fernsehen, Fernkinematographie und Bildfernübertragung. Berlin 1925.
Geldrich, Stefan: Untersuchungen über die wirtschaftlichen Probleme des Rundfunks. Diss. Innsbruck 1942.
Genter, Paulus: Der Einfluß der nationalsozialistischen Wirtschaftslenkung auf Herstellung, Preis und Vertrieb des deutschen Rundfunkempfängers. Diss. Berlin 1943.

Gerken, Erich: Der Großdeutsche Rundfunk im Recht des nationalsozialistischen Staates. Quakenbrück 1939.
Goebbels, Joseph: Vom Kaiserhof zur Reichskanzlei. Eine historische Darstellung in Tagebuchblättern. München 1934.
Goebbels, Joseph: Nationalsozialistischer Rundfunk. München 1935.
Goebel, Gerhart: Das Fernsehen in Deutschland bis zum Jahre 1945. Archiv für das Post- und Fernmeldewesen 1953, 5. Jahrgang, Nr. 5, S. 259-393.
Goebel, Gerhart: Der Deutsche Rundfunk bis zum Inkrafttreten des Kopenhagener Wellenplans. Archiv für das Post- und Fernmeldewesen 1950, Nr. 6, S. 353-454.
Gut, Hans: Die Marktordnung in der deutschen Rundfunkwirtschaft bis zum Jahre 1945. Ein Beitrag zur Rechtsgeschichte der deutschen Wirtschaft. Diss. Freiburg 1946.
Hadamovsky, Eugen: Dein Rundfunk. Das Rundfunkbuch für alle Volksgenossen. München 1934.
Hagemann, Walter: Publizistik im Dritten Reich. Ein Beitrag zur Methodik der Massenführung. Hamburg 1948.
Hale, Julian: Radio Power. Propaganda and International Broadcasting. Philadelphia 1975.
Hale, Oron J.: The captive press in the Third Reich. Princeton 1964.
Heiber, Helmut: Joseph Goebbels. München 2. Aufl. 1974.
Hempel, Manfred: Der braune Kanal. Die Entstehung und Entwicklung des Fernsehens in Deutschland bis zur Zerschlagung des Hitlerregimes. Leipzig 1969.
Hitler, Adolf: Mein Kampf (Zwei Bände in einem Band). München 1925, 1927.
Hoeckel, Alfons: Die deutsche Rundfunkindustrie. Leipzig 1938.
Jäckel, Eberhard: Hitlers Weltanschauung. Entwurf einer Herrschaft. Tübingen 1969.
Jäckel, Eberhard: Hitlers Herrschaft. Vollzug einer Weltanschauung. Stuttgart 1986.
Keller, Wilhelm: Hundert Jahre Fernsehen: 1883-1983. Berlin 1983.
Koszyk, Kurt: Deutsche Presse 1914-1945. Geschichte der deutschen Presse. Teil III. Berlin 1972.
Koszyk, Kurt: Handbuch der Massenkommunikation. München 1981.
Kreuzer, Helmut (Hrsg.): Film- und Fernsehforschung, in: Zeitschrift für Literaturwissenschaft und Linguistik. Göttingen 1978.

Kreuzer, Helmut (Hrsg.): Sachwörterbuch des Fernsehens. Göttingen 1982.

Kuby, Erich: Das Ende des Schreckens. Dokumente des Untergangs. Januar bis Mai 1945. München 1955.

Kutsch, Arnulf: Rundfunkwissenschaft im Dritten Reich: Geschichte des Instituts für Rundfunkwissenschaft der Universität Freiburg. München 1985.

Lange, Karl: Hitlers unbeachtete Maximen. »Mein Kampf« und die Öffentlichkeit. Berlin 1968.

Latour, Conrad F.: Goebbels »außerordentliche Rundfunkmaßnahmen« 1939-1942. Vierteljahreshefte für Zeitgeschichte, Heft 4, 1963, S. 418-435.

Lehmann-Horn, Günther: Die Marktbedingungen des Rundfunks. Eine absatzpolitische Studie über Empfängerbau, Programm- und Sendewesen. Berlin 1934.

Lerg, Winfried B.: Die Entstehung des Rundfunks in Deutschland. Herkunft und Entwicklung eines publizistischen Mittels (Beiträge zur Geschichte des Deutschen Rundfunks, Bd. 1). Frankfurt/Main 2. Aufl. 1970.

Lerg, Winfried B.: Zur Geschichte des Fernsehens in Deutschland. Das Fernsehen der Reichs-Rundfunk-Gesellschaft 1935-1944, in: Fernsehen in Deutschland. Mainz 1967.

Lerg, Winfried B.: Rundfunkpolitik in der Weimarer Republik (Rundfunk in Deutschland, Bd. 1, herausgegeben von Hans Bausch). München 1980.

Lerg, Winfried B. und Rolf Steininger (Hrsg.): Rundfunk und Politik 1923 bis 1973 (Rundfunkforschung Bd. 3 des Studienkreises Rundfunk und Geschichte e.V.). Berlin 1975.

Lipfert, Kurt: Das Fernsehen. Allgemeinverständliche Darstellung des neusten Standes der Fernsehtechnik. München 1938.

Mann, Golo: Deutsche Geschichte des 19. und 20. Jahrhunderts. Frankfurt/Main 1975.

Mühlbauer, Josef: Fernsehen. Das Wunder und das Ungeheuer. Freiburg 1959.

Oertel, Rudolf: Macht und Magie des Films. Weltgeschichte einer Massensuggestion. Frankfurt/Main 1959.

Ohse, Robert: Chronik vom wirtschaftlichen Aufbau des deutschen Rundfunks (herausgegeben von der historischen Komission der ARD). Frankfurt/Main 1971.

Oven, Wilfried von: Mit Goebbels bis zum Ende, Bd. 2, Buenos Aires 1950.

Pitz, Rolf: Rundfunk in Deutschland. Köln 1984.
Pohle, Heinz: Der Rundfunk als Instrument der Politik. Zur Geschichte des deutschen Rundfunks von 1923-38. Hamburg 1955.
Pohle, Heinz: Wollen und Wirklichkeit des deutschen Fernsehens bis 1943. Rundfunk und Fernsehen, Heft 1, 1956, S. 59-75.
Prokop, Dieter: Soziologie des Films. Frankfurt/Main 1982.
Reichel, Peter: Der schöne Schein des Dritten Reiches. Faszination und Gewalt des Faschismus. Frankfurt/Main 1993.
Reimann, Viktor: Dr. Joseph Goebbels. Wien 1971.
Reiss, Erwin: Wir senden Frohsinn. Fernsehen unterm Faschismus. Berlin 1979.
Rings, Werner: Die 5. Wand: Fernsehen. Wien und Düsseldorf 1962.
Rüden, Peter von: Ablenkung als Programmauftrag. Das NS-Fernsehen — ein Unterhaltungsmedium. In: Peter von Rüden (Hrsg.): Unterhaltungsmedium Fernsehen. München 1979, S. 143-163.
Sadoul, Georges: Geschichte der Filmkunst. Frankfurt/Main 1982.
Sänger, Fritz: Politik der Täuschungen. Mißbrauch der Presse im Dritten Reich. Weisungen, Informationen, Notizen 1933-1939. Wien 1975.
Scheel, Klaus: Krieg über Ätherwellen. NS-Rundfunk und Monopole 1933-1945. (Ost-)Berlin 1970.
Schmeer, Karlheinz: Die Regie des öffentlichen Lebens im Dritten Reich. München 1956.
Schnabel, Reimund: Mißbrauchte Mikrophone. Deutsche Rundfunkpropaganda im Zweiten Weltkrieg. Wien 1967.
Schoenbaum, David: Die braune Revolution. Eine Sozialgeschichte des Dritten Reiches. München 1980.
Schwaegerl, Tony: Das deutsche Fernsehspiel von 1936 — 1961. 25 Jahre deutsches Fernsehspiel. Diss. Erlangen 1964.
Sichtermann, Barbara: Fernsehen. Berlin 1994.
Siebarth, Werner: Hitlers Wollen. Nach Kernsätzen aus seinen Schriften und Reden. München 1941.
Spiker, Jürgen: Film und Kapital. Der Weg der deutschen Filmwirtschaft zum nationalsozialistischen Einheitskonzern (Zur politischen Ökonomie des NS-Films, Bd. 2). Berlin 1975.
Steinert, Marlis: Die 23 Tage der Regierung Dönitz. Die Agonie des Dritten Reiches. München 1978.

Sywottek, Jutta: Mobilmachung für den totalen Krieg. Die propagandistische Vorbereitung der deutschen Bevölkerung auf den Zweiten Weltkrieg. Opladen 1976.

Theile, Richard: Grundlagen der Kathodenstrahlröhren. Berlin 1950.

Theile, Richard: Hinter dem Bildschirm. Aufnahme und Wiedergabe, Speicherung und Übertragung von Fernsehbildern. Stuttgart 1970.

Theile, Richard: Fernsehtechnik (Bd. 1). Berlin 1973.

Toeplitz, Jerzy: Geschichte des Films (Bd. 3: 1934-1939, Bd. 4: 1939-1945). (Ost-)Berlin 1979 und 1983.

Toepser-Ziegert, Gabriele: Die Entwicklung der Medien im nationalsozialistischen Herrschaftssystem. In: medium (Zeitschrift für Hörfunk, Fernsehen, Film, Presse), Heft 2/88.

Tucholsky, Kurt: Freier Funk! Freier Film!, in: Tucholsky, Kurt: Gesammelte Werke 1932 (Bd. 10). Reinbek bei Hamburg 1985.

Uricchio, William: Special Issue. The History of German Television, 1933-1944. Historical Journal of Film, Radio and Television, Volume 10, Number 2. Oxford, 1990.

Vollmann, Heinz: Rechtliche, soziologische und wirtschaftliche Grundlagen der deutschen Rundfunkentwicklung. Entwicklungsbedingungen von Rundfunk und Rundfunkindustrie. Diss. München 1936.

Wardetzky, Jutta: Theaterpolitik im faschistischen Deutschland. Studien und Dokumente. (Ost-)Berlin 1983.

Wedel, Hasso von: Die Propagandatruppen der deutschen Wehrmacht (Die Wehrmacht im Kampf, Bd. 34). Neckargemünd 1962.

Werner, Paul: Die Skandalchronik des deutschen Films (Bd. 1, von 1900-1945). Frankfurt/Main 1990.

Wilkening, Albert (Hrsg.): Film. Kl. Enzyklopädie. Leipzig 1966.

Wipplinger, Hans: Rundfunkstatistik. München 1937.

Wulf, Joseph: Presse und Funk im Dritten Reich. Eine Dokumentation. Gütersloh 1964.

Wulf, Joseph: Theater und Film im Dritten Reich. Eine Dokumentation. Frankfurt/Main 1989.

Ziegler, Eberhard: Deutscher Rundfunk in Vergangenheit und Gegenwart. Seine öffentlich-rechtlichen Grundlagen und seine Organisation. Diss. Heidelberg 1950.

Zielinsky, Siegfried: Audiovisionen. Kino und Fernsehen als Zwischenspiele der Geschichte. Reinbek bei Hamburg 1989.

Bildnachweis

Archiv für Kunst und Geschichte, Berlin: S. 65, 148.
Bilderdienst Süddeutscher Verlag, München: S. 15, 23, 36, 47, 69, 100, 105, 109, 113, 117, 119, 122, 123, 127, 141.